LES CHEMINS DE L'IMPOSSIBLE

LES OISEAUX MESSAGERS DES DIEUX

CHRISTINE DEQUERLOR

LES OISEAUX MESSAGERS DES DIEUX

Le langage dit des oiseaux,
langue sacrée des Grands Initiés.
Les forces universelles utilisées
pour faire reculer la mort.
Mystérieuses écritures archaïques.
Troublante découverte archéologique.

AM

Albin Michel

22, rue Huyghens, 75014 - Paris

ISBN 2-226-00223-5

Je remercie les amis qui m'ont encouragée à écrire ce livre, particulièrement C. L. C. pour sa collaboration, P. et C. B. qui ont mis leur riche bibliothèque à ma disposition, notre cher « Druide » et C. S. Tous désirent garder l'anonymat, aussi ne donnons-nous que quelques initiales.

C. D.

Ce qui a été, c'est ce qui sera et ce qui s'est fait, c'est ce qui se fera. Il n'y a rien de nouveau sous le soleil. S'il est une chose dont on dise : « Vois, c'est nouveau », cette chose a déjà existé dans les siècles qui nous ont précédés.

LA BIBLE,
Ecclésiaste, I, 9-10

1

APERÇUS SUR LE LANGAGE ET LES MESSAGES DES OISEAUX

Au cours de nos lointains et nombreux voyages, lorsque nous suivions sur notre belle planète la piste des civilisations disparues, sur tous les points du globe, d'un océan à l'autre, nous remarquions la fréquence de certains signes et symboles associés aux OISEAUX, particulièrement sur les hauts lieux de la CONNAISSANCE. Nous réalisions que quels que soient le temps et l'espace, au cours des millénaires, les INITIÉS avaient laissé des MESSAGES SECRETS peints, gravés, sculptés dans la pierre, depuis les sombres cavernes de la préhistoire jusqu'aux temples grandioses des plus brillantes civilisations et ce, très souvent, par le truchement des oiseaux.

Ces derniers révèlent entre autres, dès le paléolithique supérieur, environ 18 000 ans avant notre ère, le prodigieux savoir de nos lointains ancêtres, décrits encore aujourd'hui comme des brutes, capables seulement de tailler des cailloux mais qui, paradoxalement, peignaient des fresques si admirables que les préhistoriens refusèrent longtemps d'accepter leur authenticité.

Un OISEAU reproduit dans la célèbre grotte de Lascaux signale UN DES PLUS GRANDS SECRETS DE L'HUMANITÉ, qui donne à L'INITIÉ LE MOYEN DE RETARDER INDÉFINIMENT, À SON GRÉ, LE MOMENT DE SA MORT (chapitre VII). Ce fabuleux pouvoir perdu, les savants modernes essaient en vain de le retrouver.

Nous remarquions aussi, ce qui n'avait jamais été mentionné, que les grottes destinées à devenir des sanctuaires, choisies selon une véritable science des courants telluriques et cosmiques, les hommes des cavernes en avaient transformé la topographie et le plan intérieur pour en accentuer l'atmosphère magique (chapitre VIII).

Les oiseaux ont un rôle prépondérant dans toutes les légendes, mythologies et religions. Symbole universel de la création avec l'œuf cosmique, dans la Bible, dès l'origine du monde, l'esprit de Dieu planait au-dessus des eaux primordiales tel un oiseau. Ils s'associent aux cultes rendus au Soleil ou le matérialisent. En Inde, le Soleil est un aigle ou un cygne gigantesque ; en Egypte, il se présente sous la forme d'un faucon et en Amérique centrale, aux yeux des anciens Mayas, l'ara aux plumes rouges s'identifie au Soleil et au feu.

Ce sont les oiseaux qui apportent aux hommes les boissons d'immortalité réservées aux dieux.

Un aigle ou un faucon mentionnés dans la littérature védique dérobe le soma. Garuda homme-oiseau, roi de la gent volatile, monture de Vishnu, dieu de la trinité hindouiste, s'empare de l'amrita.

En Grèce, les colombes d'Aphrodite nourrissent Zeus enfant avec l'ambroisie, breuvage divin qui procure beauté et jeunesse éternelles.

En Alchimie, le légendaire phénix indique l'aboutissement, la réussite de l'Œuvre, par l'obtention de l'élixir de longue vie.

Jusqu'au XXe siècle, souvenir des anciens mythes, les oiseaux figurent sur les bijoux, les pièces de monnaie, les étendards, blasons et armoiries. L'aigle, considéré roi des oiseaux, symbole de puissance, se rencontre plus que tous les autres. Il conduit les armées à la victoire.

Les aigles romaines conquièrent des royaumes, Napoléon et les dictateurs modernes le prennent pour emblème. Sous le Saint-Empire romain germanique il est bicéphale, mais il semble que les victoires, auxquelles il présidait, ne furent que passagères et n'empêchèrent pas les grands empires dont il était le symbole, de s'écrouler lamentablement, dans le feu, le sang et le malheur.

Les dieux, les anges et les démons volent, se transforment en oiseaux ou hommes-oiseaux afin d'entrer en communication avec les hommes, pour leur bien ou leur mal.

Fig. 1. — *Egypte*. Fragment d'une très belle fresque. Les âmes-oiseaux d'un défunt et de sa femme se désaltèrent à un bassin

L'âme-oiseau.

Essentiellement, et cela depuis la préhistoire, l'oiseau symbolise l'ÂME, capable de quitter son corps, ce qui ne signifie pas nécessairement la mort. Nous l'expliquerons à propos de la grotte de Lascaux et au chapitre XI.

En Egypte, l'âme dans sa complexité se présente sous divers aspects : phénix ou bennou, ibis à aigrette, et sous la forme d'un oiseau à tête d'homme ou de femme, selon le sexe du défunt (fig. 1).

Pour Platon, les âmes sont ailées. Celles qui atteignent la perfection s'élèvent dans les cieux sans difficulté, leur pureté fortifiant leurs ailes. Les autres se bousculent, se heurtent dans leur ascension, et leurs ailes se brisent.

L'âme qui a perdu ses ailes tombe et s'incarne dans la matière, c'est-à-dire dans un corps terrestre où elle reste enfermée, avant de se libérer à nouveau par la mort, destruction physique du corps qui l'emprisonne. Elle peut alors retourner vers l'ORIENT, la patrie originelle des âmes, ainsi que le conçoivent les anciennes croyances iraniennes.

Les chefs-d'œuvre de la littérature mystique persane, le *Récit de l'oiseau* d'Avicenne et le *Mantic Uttaïr ou Langage des oiseaux,* poème philosophique et religieux de Farid Uddin Attar, retracent le voyage initiatique des âmes représentées par des oiseaux en quête de la divinité. Lorsqu'ils arrivent devant le Simorgh, oiseau merveilleux qui incarne le divin, l'Esprit-Saint (le Saint-Esprit des chrétiens), ils s'aperçoivent qu'ils sont à sa ressemblance, ce qui rappelle les paroles de la Bible : « Dieu fit l'homme à son image. » Dans l'invocation du poème d'Attar, on lit : « Louange au Saint Créateur de l'âme... Il a doué de propriétés diverses le filet du corps... Il a mis de la poussière sur la queue de l'oiseau de l'âme », ce qui signifie que le corps comparable à un filet retient l'âme captive et que le Créateur a joint le corps terrestre de poussière à l'âme, oiseau céleste.

La coutume occidentale de jeter des grains de riz porte-bonheur sur les jeunes mariés se pratique aussi en Indonésie, mais dans le but de nourrir « l'oiseau de l'âme ». Le symbole de l'âme-oiseau se rencontre dans les îles du Pacifique.

En Europe, au Proche-Orient, en Asie, les âmes des morts s'envolent comme des oiseaux ; au Mexique chez les Aztèques, celles des guerriers morts au cours des batailles ou sacrifiés aux cultes se réincarnent sous la forme de colibris.

Le thème primordial de l'âme-oiseau, des divinités ailées et de l'Esprit-Saint demeure toujours vivant dans toutes les religions.

Dans cet ouvrage, nous rencontrerons constamment dans son autre rôle fondamental l'OISEAU, SYMBOLE UNIVERSEL DU LIEN ENTRE LE CIEL, LA TERRE ET L'HOMME. Autrement dit, entre la créature et son créateur, entre l'homme microcosme dont le corps formé de milliards de cellules est considéré comme un univers en réduction, une parcelle divine, issue du cosmos déifié universellement. Ce dernier immense et extraordinaire tourbillon d'énergie cosmique, en perpétuel mouvement, créateur des mondes, du Soleil avec ses planètes, lui-même partie intégrante de la galaxie appelée la Voie lactée, cette merveilleuse connaissance des Temps modernes, les initiés la possédaient depuis des milliers d'années.

Mondialement, le DESSIN DE LA SPIRALE, image des nébuleuses spirales, symbolise LES FORCES MACROCOSMIQUES TOURBILLONNAIRES. Elle sert d'ornement, associée souvent à des oiseaux. Les écritures sacrées et secrètes en font état ; dans les hiéroglyphes des anciens Egyptiens, elle représente le macrocosme, et le POUSSIN, le microcosme, ce qui démontre leur incontestable savoir.

Comme l'Egypte, la Mésopotamie, la Grèce et l'Amérique précolombienne portent elles aussi la marque de l'OISEAU avec son caractère sacré et magique. On le rencontre dans des îles perdues, telle l'île de Pâques où Make-Make, le dieu des habitants de l'air, paraît gravé sur les roches sous la forme d'un crâne ou d'un homme-oiseau ; au sommet des montagnes, des hauts plateaux, comme à Tiahuanaco en Bolivie, où des êtres ailés à tête de condor offrent un message des plus énigmatiques (chapitres XIV et XVI).

Au Pérou, nous avons découvert un désert avec des milliers de gravures, où les signes géométriques, cosmiques, les faucons, éperviers et aigles... voisinent avec de curieux personnages casqués, vêtus de combinaisons de vol à l'image de nos modernes cosmonautes. Il a fallu que nous constations cette ressemblance parfaite pour que nous les mentionnions dans notre livre, les photos prises sur les lieux en font foi.

Nous avons dressé des tableaux, des figures de signes divers et symboles mêlés à des oiseaux, répartis universellement, pour établir les preuves de leurs CONCORDANCES indéniables, comme s'ils émanaient d'une même initiation. Mais alors d'où venaient les initiateurs ?

Seraient-ils les Elohim, les anges de la Bible, du Zend-Avesta des Perses, du Coran et autres livres sacrés ? Des envoyés d'UN OU DES DIEUX cosmiques que les divers peuples matérialisèrent par des oiseaux, des êtres et symboles ailés, tels que cercles, roues, disques devenus les motifs de l'art ornemental des plus grandes civilisations, aussi bien que des peuples dits primitifs ? La symbolique des oiseaux répondra à ces questions.

Le langage des oiseaux.

La langue des oiseaux, ou LANGUE ORIGINELLE, fut parlée sur toute la Terre depuis Adam, jusqu'à ce que les hommes dévoyés, n'obéissant plus aux lois divines et naturelles, la perdent définitivement, d'après la Bible, au moment de l'édification de la tour de Babel. Selon les plus anciennes traditions, les initiateurs d'origine céleste ou terrestre la comprenaient. Elle est le langage de Dieu, dit le Coran.

Fig. 2. — *Suède.* Gravé sur un rocher, ce dessin relate la légende de Sigurd qui, après avoir tué le dragon avec son épée et goûté à son sang, comprend le « langage des oiseaux » perchés sur l'arbre. Ils lui éviteront de tomber dans le piège tendu par son ennemi Regir.

Les grands prêtres égyptiens la possédaient, de même que les sorciers-chamanes et des personnages aussi divers que le dieu égyptien Thot à tête d'ibis, inventeur de l'écriture qui consigna les formules d'immortalité ; le roi Salomon qu'accompagnait sa précieuse huppe qui le guidait et le protégeait ; l'empereur de Chine Yu-le-Grand ; Jésus, qui l'enseigna à ses douze apôtres ; le héros des mythologies scandinaves et germaniques Sigurd (fig. 2), ou Siegfried, de l'épopée des Niebelungen, et le bon saint François d'Assise qui marchait sur les flots, changeait l'eau en vin, guérissait les malades et ressuscitait les morts.

Seuls les SAGES, les Initiés, conservèrent ce langage resté celui des dieux ; aussi quand ceux-ci voulurent faire passer un message, ils choisirent naturellement les OISEAUX ou leurs attributs, les AILES, pour le signaler et le communiquer. Les oiseaux devinrent, écrit Euripide, « les messagers des dieux ».

De plus, le langage des oiseaux donne la CLÉ DE LA CONNAISSANCE DES GRANDES LOIS DE LA NATURE, elle ouvre les portes de l'INITIATION spirituelle, divinatoire et scientifique, permettant d'acquérir d'immenses pouvoirs.

Chez les Grecs, la Pythie ne prophétisait pas par hasard au-dessus des failles et dans les vapeurs des gouffres ; nous verrons que cela recouvre une vérité scientifique, que possédaient les sorciers-chamanes il y a 17 à 18 000 ans, et qui se perpétua chez les initiés des très anciennes civilisations. Moïse, instruit par les grands prêtres de l'Egypte, bénéficia de leur science, ce qui lui permit de réaliser les miracles mentionnés dans la Bible.

Depuis l'œuf cosmique de la création, en passant par les déluges où canard, corbeau, colombe, annoncent la fin de la catastrophe, jusqu'au symbole essentiel de l'immortalité de l'âme et sa matérialisation en ÂME-OISEAU, partout l'oiseau par sa présence indique un message caché.

Comprendre le langage des oiseaux ouvre donc la porte de toutes les connaissances. Pour Mircea Eliade c'est, partout dans le monde, saisir « les secrets de la nature et, partant, être capable de prophétiser... Apprendre leur langage, imiter leur voix équivaut à pouvoir communiquer avec l'au-delà et avec les dieux ».

L'ornithomancie, science des oiseaux.

Depuis toujours, l'ornithomancie ou science divinatoire et prophétique des oiseaux, fondée sur l'interprétation de leurs chants et de leurs vols, déterminait chez tous les peuples d'importantes décisions.

En France, d'après le vol d'un groupe de corbeaux, on établit l'emplacement de la ville de Lyon. Celui de Rome fut inspiré à Rémus et Romulus par le vol d'un aigle. Un aigle bicéphale détermina la fondation de Moscou, et l'aigle à deux têtes demeura sur les armoiries impériales jusqu'à la révolution russe.

Au Mexique, alors que les Aztèques n'étaient encore que de misérables tribus réfugiées sur des îlots parmi les marécages, vers 1324 de notre ère, leurs prêtres cherchèrent, disent les chroniqueurs, à établir une cité ou un temple à Uitzilopochtli, dieu de la guerre et du soleil, représenté vêtu d'un manteau de plumes de colibri. Il devait s'ériger, selon un oracle, au milieu des roseaux, là où les prêtres verraient, perché sur un cactus ou figuier de Barbarie, un aigle tenant un serpent dans son bec. Ils le rencontrèrent sur le lieu actuel de la place de la Constitution à Mexico (hors-texte). L'ancienne cité des Aztèques Tenochtitlan s'étendit à partir de ce point central pour atteindre, au cours des siècles, les proportions de l'importante et moderne capitale d'aujourd'hui.

Des présages célèbres sont parvenus jusqu'à nos jours. D'après Hérodote, Darius, roi des Perses, hésitait à attaquer le palais de son ennemi Gautama, quand il aperçut deux couples de vautours poursuivis avec acharnement par sept couples de faucons qui leur arrachaient les ailes. Il interpréta cela pour un bon présage et, enhardi, s'empara du palais.

Dans le chant VIII de *l'Iliade,* les Achéens se décourageaient au cours du siège de Troie. Zeus leur envoya son aigle, porteur d'un faon qu'il laissa choir sur l'autel où ils lui offraient habituellement des sacrifices. Ils comprirent que le maître de l'Olympe leur était favorable, et ils reprirent vaillamment le combat.

A Rome, les augures des prêtres constituaient un collège de neuf membres, chargés d'interpréter les messages divins transmis par les oiseaux, en observant leur appétit, les variations de leur chant et de leur vol, particulièrement ceux des corneilles, hiboux, corbeaux, vautours et aigles. Les armées romaines emportaient dans leurs bagages des poulets sacrés et ne se mettaient en campagne que si les oracles rendus par leur intermédiaire étaient favorables.

Au XVIe siècle, au Pérou, l'Inca Huayna Capac, à l'apogée de son règne, songeait à quitter sa capitale Cuzco pour se rendre à Quito, afin d'y rejoindre la princesse Duchicela chère à son cœur, mais que les lois en vigueur lui interdisaient d'épouser. Au soir du festin qui devait précéder son départ, un aigle blessé, poursuivi par des oiseaux de proie, vint s'abattre ensanglanté aux pieds du souverain. L'Inca ne tint pas compte de ce sombre présage. Il mourut peu après. Son empire, divisé, déchiré entre ses deux fils, Huascar le légitime et Atahualpa le bâtard, né de la princesse, allait s'effondrer, avec la disparition de ce dernier, étranglé avec l'accord des conquistadores espagnols Almagro et Pizarre.

Au Mexique, plusieurs présages funestes annoncèrent à l'empereur Montezuma sa fin tragique et celle de son empire. Un aigle mourant lui fut remis, puis les pêcheurs du lac de Mexico, ayant capturé un étrange oiseau, ils le lui offrirent. Sorte de grue, il portait sur la tête un miroir arrondi, où l'empereur vit briller les astres et la constellation des Gémeaux. Puis, soudain, les étoiles s'effacèrent ; à leur place, apparurent des hordes de guerriers en armes, que les devins et sorciers interprétèrent comme de sinistre augure. L'arrivée des Espagnols provoqua peu après la mort de Montezuma et la fin de l'empire aztèque.

Pourquoi les oiseaux ?

Comment expliquer que des peuples répartis sur tous les continents, aux époques les plus diverses, aient choisi le même symbole, l'OISEAU, pour transmettre leurs messages ?

Par surcroît, pourquoi la majorité d'entre eux a-t-elle pris, pour définir la création du monde, le même symbole, l'œuf ?

Plusieurs réponses sont possibles.

La naissance de l'oiseau sortant de son œuf présentait, aux temps les plus reculés, une énigme et un sujet d'étonnement pour les hommes. Aussi en firent-ils le symbole de toute vie, accréditant jusqu'à nos jours le mythe d'un œuf primordial. Or ce qui semble incroyable, cette idée de la création issue d'un œuf cosmique à l'image de celui de l'oiseau, est universelle.

Par ailleurs, d'après les mythes et légendes, les oiseaux apparaissent bien avant l'homme, ce qui est confirmé scientifiquement. Ils concrétisent son rêve de toujours : voler. De plus, dès les origines, les yeux de nos ancêtres ne pouvaient que se lever vers les cieux qui leur apportaient la lumière, la chaleur du soleil, source de vie, la nuit étoilée, la clarté lunaire, la pluie fécondante, mais aussi la neige, les terribles orages, qui faisaient naître en eux le respect, et la crainte de ce qui venait de la voûte céleste. ILS CONFONDIRENT LES PHÉNOMÈNES NATURELS AVEC DES DIEUX, dont ils voulurent s'attirer les bonnes grâces.

Les oiseaux, seuls capables d'échapper à la pesanteur, de s'élever dans les airs, donc de s'approcher des mystères du ciel et des divinités, étaient tout désignés pour servir d'intermédiaires, de messagers entre eux et les hommes.

Parfois les dieux se transformèrent en oiseaux : colombe, épervier, cygne, aigle, tel Zeus, le Jupiter romain, ou prenaient des apparences d'hommes-oiseaux comme le Faucon-Horus, l'Ibis-Thot, Make-Make, sans parler des êtres qui leur empruntèrent becs, serres, plumes ou ailes : dragons, griffons, sirènes, serpents à plumes, démons, et les purs chérubins, anges et archanges. Ajoutons les disques ailés de nombreuses mythologies, comparés actuellement aux O.V.N.I., « objets volants non identifiés » (chapitre XVI), une des énigmes que résoudra sans doute notre XXe siècle.

Les peuples s'entourèrent ainsi de tout un monde ailé merveilleux, ce qui nous aida à découvrir leurs aspirations profondes, leurs croyances et leur évolution au cours des temps.

Aussi les oiseaux seront-ils nos guides, depuis la préhistoire jusqu'au XXe siècle. Suivons-les.

2

L'ŒUF ET LA CRÉATION COSMIQUE

L'œuf primordial, porteur du germe générateur des mondes et des êtres, représente l'un des symboles le plus universellement usités ; l'œuf de l'oiseau est considéré comme une reproduction à échelle réduite de la création universelle.

Tous les peuples furent frappés par la naissance de l'oiseau issu du germe de l'œuf, par son développement à la chaleur, dans l'ombre et le secret, à l'intérieur d'une coquille protectrice, qui évoque abri et sécurité comme la matrice, mais aussi désir de briser cette prison pour s'évader vers la vie, la liberté et la LUMIÈRE ; ce mot lumière pris au sens large, car il implique la CONNAISSANCE.

Au départ de presque toutes les cosmogonies existe un CHAOS originel, sans forme, plongé dans les ténèbres, qui engendre un ŒUF, quand il n'est pas lui-même cet œuf créateur de l'Univers, des divinités, des étoiles, du Ciel, de la Terre, de tout ce qui l'habite et particulièrement des hommes, qui se trouveront soumis à la volonté du ou des dieux géniteurs.

Le mythe de l'œuf primordial est à l'origine de multiples croyances, généalogies et traditions. Nous choisissons quelques exemples entre mille, parmi les plus significatifs de chaque continent, et qui se rattachent aux oiseaux, puisque nous les prenons pour guide.

Cosmogonie finnoise

Naissance du monde d'après le Kalevala.

D'après les poèmes épiques du *Kalevala,* reconstitués près des paysans finlandais qui se les racontaient encore au XIXe siècle, la vierge Luonotar, déesse des eaux, vit dans les mondes supérieurs éthérés, hors du temps, et languit dans la solitude. Un jour, elle descend du Ciel et se jette dans l'écume primordiale, où elle se laisse bercer par les flots. Pendant des siècles, elle cherche en vain un endroit pour se reposer.

Le canard, dieu des airs, en quête d'une place pour construire son nid, aperçoit le genou de la déesse qui dépasse au-dessus des eaux et, là, il pond sept œufs. Alors qu'il les couve, la déesse sent sur son genou une forte chaleur ; surprise, elle sursaute, les œufs tombent et se cassent. Les coquilles brisées se métamorphosent en éléments cosmiques dont le Soleil, le Ciel, la Terre. Les débris foncés des coquilles se transforment en nuages, et les mouchetés en étoiles brillant au firmament.

Ensuite, la déesse des eaux perfectionne cette œuvre, en faisant émerger de la mer primordiale les continents, les montagnes majestueuses, les hauts plateaux, les vastes plaines, creusant les baies et les golfes... Ainsi, la Terre commença à prendre la forme qu'on lui connaît. Dans une autre version, la déesse, est remplacée par Vaïnamoïnen un des trois héros du *Kalevala*, et le canard, par un aigle qui ne pond qu'un œuf unique sur le genou du héros. Le résultat cosmique est le même.

Cosmogonie de l'Inde

L'œuf d'or de Brahman et Brahmâ.

Brahmâ, le créateur, forme avec Vishnou et Shiva la trinité hindouiste. Actuellement, il n'a plus qu'un temple en Inde, à Pushkar. L'oie et le cygne lui servent de montures.

On confond parfois Brahmâ avec Brahman neutre, l'Unique, l'Absolu, l'Inconcevable, l'Imprononçable, qui procède au commencement et à la fin de toute chose, et fait naître le fameux œuf d'or mentionné dans le *Mânava-Dharma-Çâstra,* ouvrage considérable qui remonterait, d'après la tradition, à 30 millions d'années, mais dont la date de parution se situe approximativement entre 1200 et 500 avant notre ère.

Par la suite, vers 300 avant J.-C., dans le *Mahâ-Barata* de 220 000 vers, le plus long poème épique connu dont les thèmes proviennent des Védas et des Brahmanas, il est écrit :

« Au commencement, dans ce monde inférieur privé de lumière ... était un grand œuf, germe impérissable des créatures et ... Brahmâ, l'essence éternelle, admirable, incompréhensible, répandue partout. »

Ainsi, de l'œuf d'or cosmique de Brahman naît la première de ses manifestations : Brahmâ, dieu masculin qui, après être resté dans l'œuf une « année céleste » d'une durée prodigieuse de milliards d'années — à ne pas confondre avec notre modeste petite année terrestre — sépare l'œuf en deux moitiés. La partie supérieure de la coquille devient le Ciel, la partie inférieure la Terre, entre les deux se place l'atmosphère.

Par la suite furent créés les dieux et les hommes, mais dans l'esprit d'un éternel retour, car les Indiens croient aux réincarnations successives, par lesquelles ils accèdent à des niveaux supérieurs de vie, jusqu'à ce qu'ils se libèrent pour toujours, en se fondant dans la source d'origine cosmique, Brahman, de qui tout est né et à qui ils retournent.

Les stupas.

Le symbole de l'œuf cosmique, se rencontre fréquemment en Inde sous la forme du stupa destiné à recueillir des reliques. Les premiers édifiés renfermaient celles du fondateur du bouddhisme, le Bouddha Gautama, né au sud du Népal au VIe siècle avant notre ère.

Le stupa, sous des formes assez différentes, représente toujours un hémisphère qui symbolise la partie supérieure de l'œuf de la création et la voûte céleste (hors-texte). Il repose sur une base carrée, figure géométrique universelle qui représente la Terre matérielle et limitée.

Les reliques s'identifient au germe initial.

Au centre de l'ensemble passe l'axe du monde supposé relier la Terre et le Ciel. Ce symbole, nous le retrouverons sous forme de colonne, tour, pyramide, construites pour s'approcher du ciel. Les chamanes, grands prêtres et initiés utilisaient bâton, pieu et perche pour fixer l'étoile qui leur indiquait le chemin céleste de la spiritualité, l'échappée par où, en état de *dédoublement*, ils pouvaient atteindre aux voyages cosmiques où ils puisaient leurs mystérieux pouvoirs.

Au chapitre VII, nous verrons que ces symboles se

rattachent au prodigieux secret de la quasi immortalité, détenu par les sorciers des hommes des cavernes.

Cosmogonie chinoise

Les thèmes cosmogoniques chinois traitent généralement d'un Chaos, mais le décrivent différemment.

Dans le *Chan-haï-king*, « *Livre des monts et des mers* », le Chaos représente un Dieu-Oiseau, au corps comme un œuf de feu jaune et rouge, ayant quatre ailes, six pattes et capable de chanter et danser.

Dans le mythe Houen-T'ien, le cosmos est un œuf si grand qu'on ne peut l'imaginer. A l'intérieur de cet œuf dressé verticalement se situent : en haut le Ciel et les constellations, en bas les eaux primordiales, sur lesquelles flotte le jaune de l'œuf, la Terre.

Le Yin et le Yang

Le *San-Wou-Liki,* vieux livre de 2 000 ans donne un récit inspiré des plus lointaines traditions et dépeint le Chaos en vibrations, comme un ŒUF DE POULE qui, après une période de 18 000 ans, sans que soit mentionnée la valeur de cet an qui peut être considérable (nous l'avons vu à propos de Brahmâ), s'ouvre, se sépare. Les parties les plus denses forment la Terre *Yin,* les plus légères le Ciel *Yang* ; elles déterminent deux forces opposées et complémentaires, dont dépend toute vie sur notre planète.

L'origine de ces deux principes remonterait à l'époque du fameux empereur philosophe Fou-Hi, il y a environ 5 000 ans.

Le *Yin* représente la Terre, le côté sombre, froid, passif, négatif et féminin des êtres et des choses, ainsi que la droite qui, contrairement à nos pays occidentaux, exprime en Extrême-Orient le côté faible, défavorable.

Le *Yang,* c'est le Ciel, le chaud, le côté lumineux, actif, positif et masculin ; la gauche, le côté faste, noble, généreux (on donne de la main gauche, mais on reçoit de la droite) (fig. 3).

L'idée du *Yin* et du *Yang,* née de l'observation des grandes lois de la nature, ne présente pas le dualisme qu'on y a vu souvent, mais plutôt l'aspect de deux énergies complémentaires, inséparables, qui s'équilibrent, comme une journée est faite du jour et de la nuit, l'année de la succession des mois et des saisons, avec l'hiver froid, l'été chaud.

Leurs rythmes déterminent pour les hommes les temps du repos et de l'activité. On dort la nuit, on travaille le jour. De même, pendant l'hiver où la nature se repose, les paysans restent au foyer. Ils en ressortent à l'éveil du printemps, quand la lumière gagne sur la partie sombre du *Yin,* pour atteindre sa plénitude en été, dans la partie claire du *Yang* à son maximum.

La figure 3 symbolise l'énergie de ces deux grands courants, involutif et évolutif.

La Chine, avant la révolution de Mao Tsé-Toung, étant essentiellement agricole, ces principes réglèrent pendant des millénaires la vie de sa population.

Les Chinois considéraient les oiseaux migrateurs comme des images du *Yin* et du *Yang.* Leur départ correspondait à la période sombre de l'hiver et leur retour au réveil de la nature, au printemps lumineux.

Selon d'anciennes légendes, certains de ces oiseaux se métamorphosaient au rythme des saisons. L'hirondelle, qui pendant les beaux jours, volait dans le Ciel

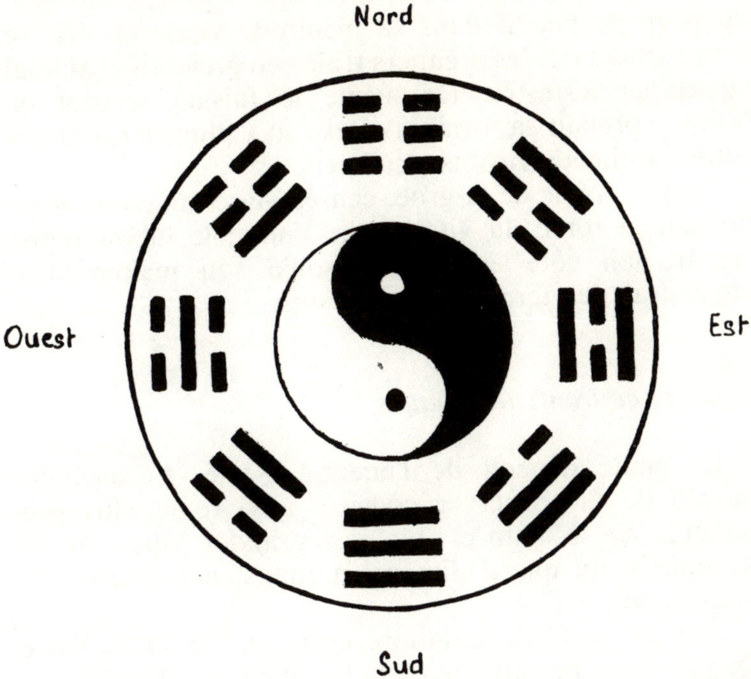

Fig. 3. — *Chine.* Au centre de la figure, le *Yin* et le *Yang* symbolisent l' « *œuf-chaos* » primordial qui se partage en deux parties égales, parfaitement équilibrées. Elles sont l'une noire, le *Yin* féminin et négatif, l'autre blanche, le *Yang* masculin et positif. Chaque partie porte en elle le germe de l'autre sous la forme d'un point.

Autour du *Yin* et du *Yang,* les huit trigrammes correspondent aux points cardinaux, avec chacun leurs symboles.. Ainsi le trigramme K'ouen représente le nord, la Terre, l'obscurité, le féminin, la réceptivité ; le trigramme K'ien le sud, le ciel, la lumière, le masculin, la force vitale universelle, la positivité.

Yang, devenait en hiver un coquillage vivant dans les eaux *Yin.*

La caille, qui est l'oiseau rouge, symbole du feu, du principe positif dans sa plénitude vitale en été, se transformait dès les premiers froids en grenouille, animal aquatique terrestre. De même le faisan, serpent en hiver, reprenait sa forme d'oiseau aux plumes rutilantes sous les chauds rayons du Soleil.

La tête rouge de la grue, censée vivre mille ans, symbolisait la force, la vitalité du *Yang* ; le hibou représentait son côté excessif, lorsqu'à son maximum il engendrait les terribles sécheresses.

Santé et courants telluriques.

La santé dépend de l'énergie vitale. Le meilleur moyen de la conserver consiste à vivre le plus près possible de la nature, loin des grandes villes, en ne se nourrissant que d'aliments naturels, non traités chimiquement.

Qui dit santé dit équilibre entre le *Yin* et le *Yang.* Quand il se détruit, la maladie apparaît. Fondée sur leur harmonie, l'acupuncture (du latin *acus,* pointe, et *punctura,* piqûre), technique médicale chinoise en usage depuis 5 000 ans, utilise pour traitement des aiguilles avec lesquelles on pique dans la peau superficiellement, en des points déterminés, au nombre de 600. Les piqûres avec les aiguilles d'or (*Yang*) augmentent, excitent l'énergie déficiente des organes. Au contraire, celles d'argent (*Yin*) calment, décongestionnent, ralentissent les états d'hyperactivité comme les spasmes, les contractures, sur lesquels l'effet de relâchement se fait sentir très rapidement.

L'acupuncture a franchi les frontières, et n'est plus

considérée aujourd'hui par la science officielle comme sans valeur ; elle prend rang dans les études de médecine. Il y a déjà plus de vingt ans s'ouvrait à l'hôpital Beaujon, à Paris, un service spécialisé.

La médecine chinoise tient compte aussi des courants telluriques si importants. Depuis des millénaires, la Chine sait qu'il existe une communication entre la Terre et l'énergie cosmique sous toutes ses formes, y compris l'électricité.

L'homme n'échappe pas à l'action de ces forces, et sa propre énergie en dépend. Aussi est-il bon pour la santé, de construire sa demeure sur des lignes de courants favorables.

Les trigrammes.

Les trigrammes dessinés par Fou-hi, complétés plus tard par Confucius, se rapportent directement au *Yin* et au *Yang* avec sensiblement la même ancienneté.

La tradition se perpétue pendant des millénaires par la voie orale, de bouche à oreille.

Ils parviennent jusqu'à nous par le plus ancien, le plus sacré des livres chinois, le *Yi-king,* le « Livre des changements » ou « Livre des mutations ». La date de sa rédaction demeure incertaine. Son influence, sa divulgation, ses reproductions sont en Chine aussi considérables que celles de la Bible dans les pays de tradition judéo-chrétienne ; au point qu'on ne les brûle pas au IIIe siècle avant J.-C., comme des milliers d'autres livres, sur l'ordre de l'empereur Tsin-Chi-Hoang-Ti, le constructeur de la grande muraille, qui, irrité par les critiques des lettrés, ordonne de brûler tous les ouvrages anciens qu'il considère comme de mauvais conseillers, en particulier ceux de Confucius. Dans la crainte que les savants lettrés ne les sachent par cœur et risquent de transmettre leur contenu, il les envoie également au bûcher par centaines.

La première forme extrêmement simple des trigrammes qui figurent dans le *Yi-king* comprend :

Un trait horizontal ———— continu ou principe *Yang* de la positivité, de l'activité.

Deux traits horizontaux —— —— discontinus ou principe *Yin*, négatif et inactif (fig. 3).

Il est écrit : « Fou-hi leva les yeux et regarda, il les baissa et examina. Il vit que la négativité et la positivité ont la dualité et l'unité pour nombres. Il traça donc un trait simple pour symboliser la positivité et un trait double pour la négativité. »

Afin de permettre aux trigrammes d'exprimer toutes les manifestations du *Yin* et du *Yang*, chacun des signes se superpose en trois traits.

Les trois traits superposés symbolisent la Terre, le Ciel et l'Homme pris entre les deux.

Par les diverses combinaisons des traits, on obtient les huit trigrammes qui se situent autour de la figure du *Yin* et du *Yang* central. Ils correspondent aux huit « vents », les huit directions de l'espace : nord, nord-est, nord-ouest, sud, sud-est, sud-ouest, est et ouest.

Les hexagrammes du Yi-king.

Tableau I (ci-contre). — Il y a 5 000 ans, les hexagrammes, base de nos plus modernes ordinateurs. Le Yi-king, système de numération binaire.

Le système binaire n'utilise que les signes O et I, s'écrit de bas en haut et de droite à gauche, exige trois fois plus de signes que le système décimal comme l'indiquent ces exemples, mais convient parfaitement aux machines à calculer modernes que sont les ordinateurs. Leibniz voyait dans ce système unc image de la création tirée du néant par la volonté de Dieu, de même, disait-il, que « tous les nombres sont engendrés dans le système binaire par le zéro et l'unité ».

LES HEXAGRAMMES DE FOU-HI
TRADUITS EN SYSTÈMES DE NUMÉRATIONS BINAIRE ET DÉCIMALE
D'APRÈS LEIBNIZ

	Hexagrammes dessins de Fou-hi	Traduction système binaire	Traduction système décimal
K'ouen (La Terre)		000000	0
	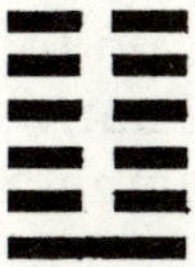	000001	1
	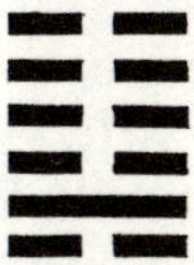	000010	2
		000100	4
K'ien (le Ciel)		111111	63

Les hexagrammes au nombre de 64, tracés aussi par Fou-hi et formés à partir de combinaisons entre les huit trigrammes, proviennent évidemment de la même source, les deux principes primordiaux *Yin* et *Yang*.

Les hexagrammes, avec leurs 64 symboles différents, étendent, complètent et précisent toutes les mutations et possibilités contenues dans les trigrammes.

A travers eux, l'homme se sent lié à l'énergie cosmique, dont la sienne dépend, au cours de la journée, des saisons et toute sa vie. Le peuple chinois, les hauts personnages, y compris les empereurs, utilisèrent les trigrammes et plus encore les hexagrammes au cours des siècles, dans un but divinatoire, qui fit parfois oublier leur sens beaucoup plus profond.

Concordance troublante, de l'autre côté de notre planète, les trigrammes et hexagrammes ornent des céramiques péruviennes.

Le célèbre mathématicien et philosophe allemand Leibniz mentionne que le *Yi-king* « n'était pas autre chose que... la suite des 64 premiers nombres écrits dans le système de numération à base 2 (le système binaire), mais intervertis de leur ordre naturel. En effet, si l'on représente l'unité par un trait horizontal simple —— et le zéro par un trait brisé — —, si, de plus, on convient d'écrire les unités des divers ordres non plus de droite à gauche, mais de bas en haut, comme d'ailleurs les zéros placés à gauche d'un nombre n'en changent pas la valeur », on trouvera que les caractères chinois composés de six lignes horizontales s'interprètent comme au tableau I.

Cosmogonie japonaise

Légende d'Izanagi et d'Izanami.

Les deux plus anciens livres du Japon, le *Kojiki* ou « Relations des choses anciennes », écrit à la fin du VIIe siècle, et le *Nihongi* ou « Chronique du Japon », publié au début du VIIIe siècle, sont les deux sources essentielles de la mythologie japonaise.

Ici encore aux origines du monde, il n'existe que le chaos, pareil à un œuf. Il porte les germes des principes mâle et femelle non différenciés. Le Ciel et la Terre s'y trouvent encore unis l'un à l'autre. Puis ils se séparent; le Ciel sort de la substance claire de l'œuf et la Terre des éléments plus denses et grossiers. Ce thème est le même en Chine.

La Terre, en ces débuts de la création, flotte tels un poisson, une méduse, une nappe d'huile. De cette masse mouvante surgit « une chose » semblable à une pousse de roseau qui monte droit jusqu'au Ciel. Il en sort une divinité qui en engendre d'autres, dont Izanagi et sa sœur Izanami. Considérés dans une variante de la légende comme les créateurs des divinités et du monde entier, ils s'unissent. Izanami donne naissance aux océans, aux montagnes et aux premières îles, les Iles Nippones, formées du sel des eaux primordiales, qu'Izanagi baratte avec sa lance. Puis apparaissent les végétaux, les animaux, les hommes et les dieux. Au moment où Izanami met au monde celui du feu, Homosubi, elle est si grièvement brûlée qu'elle n'en guérit pas. Elle continue à engendrer d'autres dieux, issus de « ses vomissements, de ses déjections et de son urine ».

Epuisée, elle meurt et descend aux enfers où elle

règne en déesse. Izanagi, désespéré, laisse tomber des pleurs qui se transforment également en divinités. Fou de douleur, il tranche la tête de son fils, cause de la mort de son épouse. Le sang se répand et, de chaque goutte, naissent encore de nouveaux dieux.

Inconsolable, il décide de descendre aux enfers pour y chercher sa femme bien-aimée. Mais Izanami, ayant goûté à la nourriture infernale, ne peut quitter le monde souterrain et refuse de le suivre. Sur ses instances, elle accepte d'en parler aux démons et aux sorciers, à la condition qu'il ne regarde pas à l'intérieur de son palais en attendant le résultat de ses entretiens.

Le temps passe, Izanagi s'impatiente et finit par entrer sans se faire annoncer. Il aperçoit alors le corps d'Izanami en putréfaction. Affolé, il s'enfuit.

Son épouse, furieuse et humiliée qu'il l'ait vue dans cet horrible état, lance à sa poursuite les créatures démoniaques. Il ne leur échappe qu'en fermant l'entrée des enfers avec un énorme rocher. Izanagi prononce alors la formule qui décide de leur séparation définitive.

Cette partie de la légende rappelle celle, grecque, de Perséphone enlevée par Hadès, roi des enfers. Déméter obtient de Zeus que sa fille le quitte, à la condition qu'elle n'ait rien mangé pendant son séjour chez son mari. Malheureusement, ayant croqué six grains de grenade, elle doit rester dans le royaume des morts.

Toutefois, dans une autre version, Perséphone passe six mois de l'année dans les profondeurs de la Terre et six mois à la lumière avec sa mère.

Ces légendes font de la nourriture prise aux enfers l'équivalent du fruit défendu ; en absorber est une sorte de péché qui retient dans les ténèbres les créatures qui y goûtent.

Nous rencontrons dans ces mythes les couples Ténèbres-Lumière, symbole du féminin et du masculin souvent opposés, mais toujours complémentaires tels que le *Yin* et le *Yang* que nous avons étudiés.

Cosmogonies du continent africain

Dans l'antique Egypte, une tradition fait du dieu Thot à tête d'ibis un créateur universel, sorti lui-même du chaos originel.

Par la toute-puissance du Verbe, Thot de sa voix sonore forma huit dieux, ceux de l'Ogdoade, composée de quatre couples féminins et masculins. Sur l'emplacement de ce qui devint la ville d'Hermopolis, ces dieux créèrent un ŒUF qu'ils posèrent sur un tertre, ou colline, émergé des eaux primordiales. Il en sortit, certains disent le Soleil, d'autres un oiseau lumineux, qui organisa l'œuvre de création.

Dans une autre version, le dieu Khnoum à tête de bélier aurait, lui aussi, façonné sur son tour de potier l'œuf du monde d'où sortit l'humanité.

Les Likoubas du Congo.

Au Congo, des tribus comme les Likoubas croient en un œuf cosmique qui les lie intimement aux lois qui régissent l'univers.

Le jaune d'œuf s'assimile à l'humidité de la femme et le blanc à la semence de l'homme.

Le Soleil, lui, vient de la coquille même de l'œuf, mais pour éviter qu'il n'embrase la Terre, Dieu humidifia la membrane intérieure que l'on trouve sous la coquille et en fit la couche atmosphérique qui protège notre planète de la violence des rayons solaires. Ici, le mythe se confond avec une connaissance scientifique, car chacun sait que si l'atmosphère n'existait pas pour servir d'écran à ces rayons, aucune vie ne serait possible sur la Terre.

L'œuf cosmique chez les Falis et les Bambaras du Mali.

Au Mali, l'ancien Soudan français, les Falis imaginent l'univers issu de deux œufs, pondus par un crapaud et une tortue. Ils tournent chacun en sens inverse, et la substance interne de chaque œuf en sens contraire de son enveloppe extérieure.

Pour les Falis, sur la Terre comme dans l'univers, tout tourne en sens opposé, comme dans les œufs considérés.

La vie familiale et sociale des Falis se trouve donc réglée sur les cycles créés à partir des œufs originels, et nous constatons qu'ils ont une idée du mouvement tourbillonnaire de l'univers, auquel ils se sentent liés en tant que microcosme, pensée très proche de celle des Falis du Cameroun, des Dogons et autres peuples d'Afrique.

Les Bambaras considèrent l'œuf comme un esprit primordial qui se manifeste d'abord par un tournoiement en vibrations, puis par une véritable concentration de masse au centre de l'œuf, dont l'intensité provoque l'éclatement. Cette conception illustre la théorie de l'univers, en perpétuelles contraction et expansion. Les éclats, au nombre de vingt-deux, engendrent une création générale divisée en vingt-deux catégories différentes pour les êtres et les choses, et basée sur les vingt-deux éléments primordiaux.

Le corps humain comprend vingt-deux parties, il y

a vingt-deux espèces d'animaux, vingt-deux espèces de graines.

La coudée, instrument de mesure des Bambaras, a vingt-deux doigts. Le nombre 22 représente la totalité de l'univers avec ses manifestations, êtres et monde comme dans la Kabbale.

Amérique du Sud : cosmogonies colombienne et péruvienne

Pour les Chibchas de Colombie, alors que règnent les ténèbres et que rien n'existe, la lumière est enfermée dans une « Chose » immense ovoïde : Dieu. Quand il désire la libérer, il lance le Soleil dans l'espace. A sa clarté, « les choses » commencent à se créer. « Dieu » fait naître des oiseaux noirs très puissants et leur commande de voler au-dessus du « monde » pour y porter la lumière qui émane de leurs becs.

Alors, le « monde » sort de la nuit, la lumière resplendit, apporte la chaleur ; la vie sous toutes ses formes se développe.

Notons tout de suite la présence insolite de ces OISEAUX NOIRS qui, comme les corbeaux au plumage sombre dans d'autres légendes, s'associent à la création. Ils symbolisent la puissance, la sagesse du Dieu-Tout sorti des ténèbres, dont ils ont la couleur, et détiennent des pouvoirs magiques.

Les Chibchas appellent ce Dieu créateur Chiminagua. Ils le vénèrent comme le dispensateur de ce qui est beau et bon sur la planète.

Les pierres tombées du ciel.

Au Pérou, il existe quelques pierres énigmatiques couvertes de sculptures, peu connues, pesant des tonnes, d'une circonférence de 10 à 15 mètres et de 2,50 m de haut en moyenne. CES ÉNORMES PIERRES SONT EN FORME D'ŒUF.

Leur partie inférieure, parfaitement lisse, s'enfonce plus ou moins profondément dans le sol. Elles sont là, rongées, usées par les siècles ou les millénaires, isolées en pleine nature. Leur partie supérieure sculptée de terrasses, de temples en étages, d'animaux et de signes inconnus, offre un caractère vraiment insolite.

Nous avons photographié l'une d'elles (hors-texte) sur toutes ses faces avec ses dizaines de félins qui se poursuivent comme en des jeux, sortant des temples, des maisons, car l'ensemble représente une ville, dont on dit que la pierre ovoïde serait la maquette, ce qui est manifestement faux, quand on voit le grand nombre et l'importance des animaux qui la recouvrent. Certains, indéfinissables, voisinent avec des serpents et des jaguars dont on sait l'importance dans les mythologies des civilisations précolombiennes. Les félins, étendus, couchés sur les constructions qu'ils entourent de leurs pattes, en des attitudes de détente et de repos, sont les maîtres de cette « ville » qu'ils ont envahie.

Cet œuf symbolise un monde, une ère perdue dans la nuit des temps. Un œuf du même genre porte un oiseau qui domine les sculptures ; il précise bien le sens cosmique de ces pierres extraordinaires, que les Indiens disent venues du ciel. Pour les Incas, les hommes sont issus de trois œufs en métal tombés de la voûte céleste et correspondant à leur structure sociale. Ils donnent naissance l'œuf de cuivre au bas peuple, l'œuf d'argent aux classes moyennes, l'œuf d'or aux riches et aux puissants.

Cosmogonie polynésienne

Histoire de Tangaroa.

En Polynésie, le chaos donne naissance à un œuf ou coquille qui tourne dans les perpétuelles ténèbres. Cet œuf contient un dieu créateur qui varie selon les mythes. Un des plus connus est Tangaroa ou Ta'aroa. Un temps indéterminé s'écoule, ayant grandi, il se trouve à l'étroit dans sa coquille et la brise en morceaux, lance des appels dans l'immensité sombre et ne reçoit aucune réponse. Se voyant seul dans l'obscurité totale, il soulève un des fragments, en fait le Ciel, et s'enferme dans une nouvelle coquille où il reste en méditation.

Après des milliers et des milliers d'années, Tangaroa se délivre de cette autre coquille ; des diverses parties de son corps, il crée la Terre et ce qui l'habite. Il secoue les plumes rouges et jaunes qui le couvrent, et elles se changent en forêts, buissons et feuillages, donnant à notre globe sa parure de verdure.

Les Polynésiens, pour qui le monde sort d'une coquille, pensent aussi que toute chose a la sienne ; ils assimilent de cette façon le microcosme au macrocosme.

La coquille de l'homme est la femme dans laquelle il prend naissance. Quant à celle de la femme, elle est la femme elle-même.

Aux Touamotou, l'univers et l'humanité se créent à partir du germe contenu dans un œuf initial.

Enfin, dans une tradition des îles Hawaï, un énorme oiseau descend du Ciel, pond un œuf dans les eaux primordiales et, lorsque celui-ci s'ouvre, les îles merveilleuses surgissent à leur surface.

Rangi et Papa, couple initial.

Tous les mythes de la création s'accordent sur un cosmos issu du chaos originel. L'apparition des êtres vivants s'explique par des croyances diverses, dont l'une des plus répandues est celle d'un couple initial intimement lié, serré comme dans un œuf au sein des ténèbres.

Leurs enfants veulent les éloigner l'un de l'autre, car ils tiennent la lumière prisonnière dans leur étreinte. L'un d'eux, Tane, dieu des oiseaux et des forêts, les sépare. Leur père Rangi forme le Ciel et Papa, leur mère, la Terre. Depuis, ses soupirs sont les nuages et les brumes qui montent vers son époux. Inconsolable lui aussi, il laisse couler ses larmes sur la Terre et l'imprègne de pluie et de rosée.

Ces mythes poétiques recouvrent des vérités scientifiques, Rangi et Papa personnifient les courants cosmiques et telluriques.

Etonnante concordance : au Pérou l'accouplement du Soleil et de la Terre orne des céramiques de type tiahuanacoïde.

Comment un oiseau fit perdre aux hommes l'immortalité.

Avant d'en terminer avec la Polynésie, voici la suite de l'histoire dans sa version maori.

Tane, le dieu des oiseaux, crée la première femme avec de l'argile et du sable, et s'unit à elle. Lorsque leur premier enfant, une fille, devient belle et désirable,

Tane l'épouse, lui laissant ignorer qu'il est son père. Lorsqu'elle l'apprend, elle va cacher sa honte dans le monde souterrain dont elle devient la déesse de la mort, sous le nom de Hine-Nui-Te-Po. En conséquence, elle ne cherche plus qu'à entraîner dans la tombe les premiers humains, qui possédaient jusqu'alors l'immortalité.

Maui, héros central des mythes polynésiens et petit-fils de Hine, veut essayer d'éviter à l'humanité ce triste destin mais, pour y parvenir, il lui faut pénétrer dans l'utérus de sa grand-mère, afin de vaincre la mort qui l'habite, se livrant ainsi à un inceste.

Accompagné de ses amis les oiseaux, il descend aux enfers pour mettre son projet à exécution. Il trouve Hine endormie. Celle-ci étant une géante, il ôte ses vêtements, recommande aux oiseaux le silence, et s'introduit tout entier dans la matrice de la déesse. Lorsqu'il y est presque disparu, les pieds battant encore dans le vide, les oiseaux à ce spectacle ont peine à garder leur sérieux et l'un d'eux, un hochequeue, éclate d'un rire bruyant qui réveille Hine en sursaut. Ce brusque mouvement écrase Maui dans les entrailles de la déesse.

C'est ainsi que, selon une légende maori, par la faute d'un oiseau, les hommes perdirent l'immortalité.

Les mythes et légendes que nous citons, bien qu'issus de continents si divers et si lointains, permettent de relever des concordances particulièrement troublantes, et laissent à penser qu'il y a eu correspondance.

Pourtant, on nous a appris que, pendant des temps immémoriaux, les hommes restèrent prisonniers de leur continent respectif, sans moyen de traverser les immenses océans, ni possibilités de couvrir à travers monts et déserts les milliers de kilomètres qui les séparaient.

Or nous constatons l'UNIVERSALITÉ du mythe de l'ŒUF COSMIQUE, géniteur des mondes et de tout ce qui vit sur notre planète.

De plus, cette création s'établit, à quelques détails près, de la même façon, en partant d'un CHAOS qui est l'ŒUF PRIMORDIAL, ou qui engendre dans les ténèbres. Cet œuf contient un ou des démiurges qui le brisent, le partagent et produisent le Ciel, la Terre et ses habitants.

Hermès Trismégiste exprimait cette idée dans son traité de la *Table d'Emeraude* par la phrase célèbre, clé de l'ésotérisme : « Ce qui est en bas est comme ce qui est en haut, et ce qui est en haut est comme ce qui est en bas, pour faire les miracles d'UNE seule chose ... Toutes choses sont nées dans cette chose unique », le chaos primordial.

Dans certaines variantes les eaux primordiales se forment les premières et portent un œuf, un germe que féconde la lumière, l'énergie cosmique.

Les Africains ont une idée du mouvement vibratoire et tourbillonnaire de l'univers dans lequel ils se sentent pris, ce que Japonais et Chinois résumèrent dans le symbolisme du *Yin* et du *Yang*.

Ces récits et légendes, nous l'avons précisé, recouvrent des vérités scientifiques extraordinaires, connues depuis des millénaires par des peuples appelés « sauvages », il n'y a encore que quelques années.

3

L'ŒUF ET LES TRADITIONS

Le mythe de l'œuf cosmique se perpétue dans les traditions sur toute la planète, en conservant particulièrement unies, les idées de création, de renaissance et de régénération.

L'œuf symbole de fertilité.

Dans les coutumes agricoles, on retrouve partout la persistance du mythe. Citons ici quelques exemples pris en Europe.

En Estonie et Lettonie, pour obtenir de bonnes récoltes, les paysans mangent des œufs pendant la période des labours. En Finlande, ils mettent un œuf dans leur poche tout le temps des semailles, et de même qu'en Suède, ils placent des œufs dans les champs labourés. En Allemagne, ils utilisent les trois procédés pendant les semailles : ils en portent sur eux, en mangent durant l'ensemencement ou en déposent après le passage de la charrue. Ils enterrent aussi des œufs préalablement bénis.

Ces traditions sont le souvenir inconscient de l'ancien culte rendu à la déesse mère, la Terre.

En Gaule, en Inde, et jusqu'à nos jours, les femmes

stériles, afin d'avoir des enfants, apportent des œufs près des menhirs et des lingas, symboles phalliques du dieu Shiva.

L'œuf symbole de résurrection.

Dans des tombes anciennes de Suède, de Finlande et de Russie, on trouve des œufs d'argile. On pense qu'ils sont un symbole de résurrection et de renaissance. Le défunt sort de sa tombe, comme l'oiseau vivant sort de sa coquille. De même en Grèce, où les statues du dieu Dionysos, découvertes à Thèbes, tiennent toutes un œuf dans la main.

En Inde, au moment de la fête du renouveau de la végétation, qui est aussi celle des morts, les Indiens allument des feux où ils lancent une statuette féminine et une masculine, avec un œuf et une poule en symbole de retour et de résurrection après la mort. Les deux statuettes représentent la belle Rati, la Vénus hindoue, qui fait naître les désirs, et son époux Kâma, dieu de l'amour en Inde. Celui-ci, voulant distraire Shiva au cours de ses dévotions par des désirs érotiques, le dieu, pour le punir, le réduisit en cendres, mais l'œuf de résurrection jeté dans les flammes rappelle que le désir ne peut mourir et que, comme la végétation qui revient chaque année au printemps, l'Indien lui aussi revient à travers ses multiples réincarnations.

Œuf de serpent et « pierres de foudre ».

Pline l'Ancien relate une curieuse croyance gauloise. Pendant la période chaude de l'été, en Gaule, un grand nombre de serpents se réunissent dans des cavernes, des lieux secrets. Entrelacés, emmêlés, entortillés en une masse visqueuse et ondoyante, ils produisent un œuf de leur bave et du suintement de leur peau. Ils soutiennent l'œuf en l'air en émettant des sifflements. C'est le moment de le dérober. L'homme chargé de s'en emparer, doit immédiatement le saisir avec un linge blanc avant qu'il ne touche terre, et fuir à cheval au grand galop, pour échapper à la furie des serpents qui ne manquent pas de le poursuivre, jusqu'à ce qu'il passe une rivière qui le met à l'abri de leur atteinte.

Cet œuf, considéré par les druides comme magique, doit flotter dans l'eau à contre-courant.

En fait, il s'agit d'un oursin fossilisé, assimilé par sa forme à l'œuf du monde. Objet précieux depuis les Celtes jusqu'au XXe siècle, on le garde soigneusement dans les familles bretonnes comme un talisman.

Sur tous les continents, on prend les fossiles pour des météorites tombés du ciel, ainsi que les pierres taillées par les hommes du paléolithique et du néolithique. On prête à tous des pouvoirs magiques et sacrés. Souvent appelés « pierres de foudre », ils procurent protection, victoire, fertilité et, dans ce sens, aide et soutien aux femmes dans leurs accouchements.

Œuf philosophique et tradition alchimique.

L'alchimie ou science hermétique, du nom d'Hermès que les Grecs assimilaient au dieu égyptien Thot possesseur de toutes les sciences, se base sur les lois de la nature et une conception philosophique de l'univers associée ou confondue avec Dieu.

L'alchimiste Michel Majer parle en ces termes à l'adepte : « Dans notre monde, il y a un oiseau plus sublime que les autres. Rechercher son œuf, que ce soit ta seule préoccupation... Lorsque le poussin sera venu, il survivra au feu et à l'épée. » Le poussin étant ici la fameuse Pierre Philosophale.

D'après le savant chimiste Marcelin Berthelot, l'ŒUF PHILOSOPHIQUE symbolise l'alchimie et la création de l'univers. Il renferme en puissance le GERME des êtres et des mondes, comme celui de la poule détient le germe qui donne vie à la matière en créant le poussin.

Par œuf, il faut entendre l'athanor ou fourneau alchimique, mais surtout le vase cucurbite ou cornue qu'on y place et qui contient la matière, le compost qui, sous l'action d'une chaleur comparable à celle de la couvaison, se transforme quand l'Œuvre est réussie en Pierre Philosophale, but que rêvent d'atteindre tous les alchimistes. Cela se conçoit, car cette « pierre » permet la transmutation des métaux en or et fournit l'élixir de longue vie ou d'éternelle jeunesse.

Malgré la fascination que l'or exerce sur les hommes, le vrai but des alchimistes n'était pas d'obtenir ce résultat, mais une élévation spirituelle qui s'acquérait au cours des longues et patientes opérations du Grand Œuvre. Purifier la matière, transmuer les métaux vils en or correspondaient pour l'adepte à se perfectionner lui-même.

Tout un bestiaire se rattache aux diverses étapes de l'Œuvre, les OISEAUX y occupent une place prépondérante. Dans le LANGAGE ALCHIMIQUE, ils symbolisent les parties volatiles, les différences de couleurs ou d'états de la matière, au cours des expériences.

La colombe indique le volatil ; l'aigle, le mercure après sa transformation en vapeur ; le coq, le feu secret du ciel ou soufre au rouge.

Le corbeau désigne la matière devenue noire ; le cygne, oiseau d'Hermès, la matière ou blanc qui s'accumule, se fixe en forme d'œuf ; le paon, l'état du compost quand il vire au rouge ; et sa queue, la variété des couleurs au cours de la cuisson dans l'athanor.

Le phénix, oiseau mythique qui renaît de ses cendres, figure, après la calcination de la matière première, l'aboutissement final de l'Œuvre ; le pélican, réputé nourrir ses petits de son sang, en est la représentation.

La chouette, amie de la nuit, incarne la philosophie, le savoir caché des alchimistes qui employèrent une iconographie et des images ésotériques pour remplacer les mots, tel le *Mutus Liber,* le livre muet, qui ne comporte aucun texte, mais de belles gravures très parlantes.

L'alchimie atteint son apogée au IVe siècle après J.-C., et se poursuit dans tout l'Occident au XIIe siècle. L'évolution des sciences modernes cause son déclin, mais elle survit de nos jours, et les chercheurs ne manquent pas. Cependant, le secret de la Pierre Philosophale doit rester INVIOLÉ pour les non-initiés. Les adeptes-connaissants qui ne respectent pas la loi du silence, meurent ou disparaissent mystérieusement. Aussi ne faut-il pas croire qu'on puisse venir impunément fabriquer de l'or devant les caméras de la télévision ; cela ne saurait être qu'un jeu.

Œufs et comète.

Au XVIIe siècle, à la suite d'un phénomène cosmique, une étonnante croyance se répand. Elle vaut d'être contée.

Le 4 novembre 1680, lors du passage d'une comète dans la constellation de la Vierge, toute l'Europe est saisie de frayeur. Quant aux poules de Rome, à la stupeur générale on apprend que, sous l'effet de la comète, l'une d'elles ou plusieurs, selon certains, pondent des œufs sur lesquels figurent l'image de la comète et des symboles cosmiques.

De nombreuses estampes et gravures de l'époque commémorent l'événement et représentent les œufs miraculeux (fig. 4). Sur quelques-unes on lit le jour et l'heure de la ponte, certifiés par le pape et la reine Christine de Suède pour en garantir l'authenticité. On sait que celle-ci, fille de Gustave Adolphe, après son abdication et sa conversion au catholicisme, se réfugia à Rome où elle mourut en 1689.

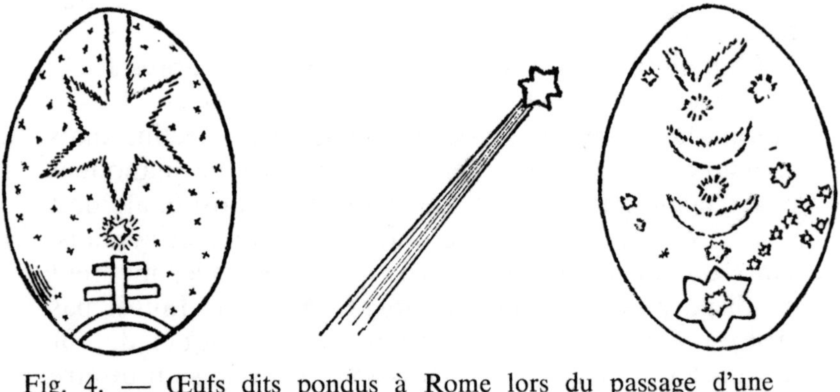

Fig. 4. — Œufs dits pondus à Rome lors du passage d'une comète en 1680. Gravures allemande et italienne du XVIIe siècle.

Les œufs du nouvel an.

En Gaule, la nouvelle année se fête à Pâques et commence avec le printemps, le renouveau, l'éveil de la nature.

On se réunit aux cris de : « Germination ! Résurrection ! Vive l'an neuf ! » On distribue des cadeaux et des œufs, accompagnés de souhaits de prospérité.

En Iran, l'ancienne Perse, jusqu'au début du XXe siècle, « la nouvelle année se célèbre avec beaucoup de faste » le jour de l'équinoxe de printemps. La fête s'ouvre par des coups de canon et se continue par des danses populaires. On échange des cadeaux, des œufs peints et dorés pour « marquer le commencement des choses ».

Le Chah respecte la tradition et en offre des centaines plus ou moins précieux à ses nombreuses femmes.

Les œufs de Pâques.

Pour les peuples de tradition chrétienne, Pâques commémore la résurrection du Christ, le renouveau de la nature, et c'est à cette époque qu'on les donne.

Au Moyen Age, les enfants, les jeunes gens frappent à toutes les portes pour quêter les œufs de Pâques, souvent peints en rouge. Grande fête pour tous, en province, à Paris ; on se rend avec tambours et trompettes en procession jusqu'aux parvis des cathédrales et des églises, on distribue des œufs aux parents et amis ainsi qu'aux serviteurs et aux enfants.

Aux XVIIe et XVIIIe siècles, le roi lui-même offrait des œufs à son entourage. Véritables objets d'art, ouvrés d'or et d'argent, souvent peints par des artistes célèbres comme Watteau.

On voit encore des œufs d'autruche, impressionnants par leur grosseur, suspendus dans les églises en symbole de fécondité, ou de résurrection du Christ.

Aux XIXe siècle, les œufs artificiels sont à la mode ; couverts de satin, délicatement décorés, rehaussés d'or, ils s'ouvrent comme des boîtes et, à l'intérieur, on place des cadeaux-surprises souvent de grande valeur.

De nos jours, Pâques reste une fête carillonnée, avec

des vacances pour les écoliers. On vend toujours des œufs cuits durs aux coques teintées de vives couleurs, mais ils sont surtout en sucre et en chocolat.

Nous nous sommes livrée en France à une petite enquête, posant cette question à diverses personnes : « Savez-vous pourquoi on offre des œufs de Pâques ? » Voici des réponses : « Cela a rapport avec le Christ », certains précisent « sa résurrection ». Pour la plupart : « C'est une habitude..., le début du printemps, une coutume agréable... Cela fait plaisir aux enfants. »

Qu'expriment ces réponses ? Le vague sentiment du renouveau de la nature, la joie d'une fête pour tous, d'une résurrection, uniquement celle du Christ.

De l'œuf cosmique primordial, de son sens profond, il reste quelques superstitions, coutumes et traditions, dont certaines ont persisté jusqu'au XXe siècle, mais le mythe s'est aujourd'hui, surtout dans les grandes villes d'Occident, totalement vidé de son sens initial.

L'œuf, symbole universel de la création, nous ouvre les portes du monde. Ouvrons-les toutes grandes et continuons à suivre les oiseaux toujours présents. Ils nous guideront au cours des millénaires et des civilisations.

4

OISEAUX ET DÉLUGES

Les mythologies, traditions et religions, les chroniques et livres sacrés font état de déluges, dont l'un au moins fut universel, puisqu'on le relate identique sur tous les continents, à quelques détails près.

Dans ces récits, les oiseaux occupent toujours une place importante au moment où les eaux se retirent, marquant la fin de la catastrophe et de la colère du ou des dieux.

Mythes, déluges et cataclysmes.

En Polynésie, la lutte fratricide des enfants de Rangi et Papa, les parents originels d'où naquirent les dieux et les hommes, déchaîna « des nuages lourds... sombres, épais et furieux qui précédèrent les ouragans... » Tant que dura la colère de Tawhiri, père des vents et des tempêtes, « pluies incessantes et grêles violentes » s'acharnèrent sur les terres.

Dans toute l'Océanie et en Afrique, les peuplades primitives parlent d'un effondrement du Ciel, d'un titanesque cataclysme.

En Amérique du Nord, les tribus indiennes donnent

des récits du déluge ; celui des Sioux se rapproche de la version biblique.

Le vieux Coyote, sorte de Noé, averti de l'imminence de l'inondation, se mit à construire un bateau. Quand il fut terminé, la pluie commença à tomber sans interruption jusqu'à ce que les plus hautes montagnes s'engloutissent. Puis les eaux baissèrent, et son bateau s'échoua au sommet d'une montagne.

Coyote aperçut deux canards qui volaient dans sa direction ; il les chargea de lui rapporter un peu de terre. Mais tout restait encore sous les flots. L'un des oiseaux plongea à diverses reprises pour essayer d'en trouver, mais en vain, et finit par disparaître. Plus tard, le second plongea à son tour et, après quelques essais, revint à tire-d'aile, le bec plein de boue que Coyote éparpilla au loin dans toutes les directions, créant la Terre avec ses montagnes, ses plaines et ses fleuves. Puis, de la boue, il fit naître les animaux, les humains et se façonna une femme qu'il épousa. Ensuite, il apprit à ses créatures à s'unir pour avoir des enfants et à se fabriquer des outils, des flèches pour la chasse, des tentes pour s'abriter. Lorsqu'elles se multiplièrent, il les dispersa en tribus à travers le monde qu'elles continuèrent à peupler.

La tradition mexicaine mentionne des catastrophes par le feu, l'eau et le vent. Les rescapés restèrent en si petit nombre et si éloignés les uns des autres qu'ils s'imaginèrent seuls au monde.

Les populations qui, à l'époque de la découverte de l'Amérique, habitaient les îles du golfe du Mexique, affirmaient toutes qu'elles avaient ouï dire de leurs ancêtres que, très anciennement, les Antilles Grandes et Petites étaient rattachées au continent. Elles en furent arrachées au cours de tempêtes terribles et de tremblements de terre.

On raconte également au royaume de Quito, dans l'Equateur, qu'à l'origine des temps, la race humaine se trouva menacée d'une effroyable inondation. Deux frères se sauvèrent au sommet d'une montagne sacrée. Les flots grondèrent vainement autour d'eux ; à mesure qu'ils s'élevaient, la montagne se soulevait au-dessus des eaux ; elle finit par atteindre une hauteur considérable.

Le danger passé et les terres asséchées, les deux frères seuls survivants, n'ayant plus de vivres, cherchèrent à se procurer des aliments dans le voisinage. De retour à la cabane qu'ils avaient bâtie sur la montagne, ils virent avec surprise des mets délicieux préparés par des mains inconnues. Curieux de pénétrer ce mystère, l'un d'eux se cacha au logis pour découvrir les êtres bienfaisants. Deux fantastiques aras au visage de femme entrèrent et préparèrent aussitôt maïs et viandes qui devaient servir au repas. En apercevant leur protégé, les deux oiseaux voulurent s'enfuir, mais il en saisit un qui devint sa femme. Ils eurent six enfants, trois fils et trois filles, dont l'union donna naissance à toute la tribu des Cañaris.

Au Pérou, on relate que la Terre entière changea de face avec le déluge, qui détruisit les populations existantes. Les Indiens disent qu'il advint une éclipse extraordinaire et que, durant cinq jours, toute lumière disparut. Quelque temps auparavant, un berger qui gardait un troupeau de lamas remarqua que ces animaux, pleins de tristesse, passaient la nuit à considérer la marche des astres ; étonné, il les interrogea. Ils répondirent en lui montrant un groupe d'étoiles et lui annoncèrent que le monde allait finir par les eaux. Tel Noé, le berger réunit son troupeau, prit des provisions, se réfugia avec sa famille sur la plus haute montagne voisine. Quand les eaux montèrent, elle se mit à flotter et reprit sa place à la fin du déluge. Les Indiens des hauts plateaux sont leurs descendants.

En Laponie pour punir les hommes de leur « malice », le Seigneur du Ciel parla : « Je dresserai la mer en un mur d'une hauteur gigantesque que je précipiterai sur vos maudits enfants de la Terre et ainsi je les détruirai, eux et toute vie. »

En Finlande, dans l'épopée du *Kalevala,* le monde se couvrit d'abord de ténèbres et d'un « lait rouge », avant que tout fût submergé.

Ovide, dans les *Métamorphoses,* raconte que la Terre trembla, les flots battirent les sommets des montagnes. Platon, dans *le Politique*, décrit l'effondrement de l'Atlantide et dit que « le soleil et les autres astres suivirent des directions opposées et se couchèrent dans les régions où ils se lèvent maintenant ». Pour le poète et le philosophe, les anciens Grecs périrent dans cette catastrophe.

Selon la mythologie grecque Zeus, voyant que les hommes étaient pleins de vices, décida de les anéantir par un déluge, à l'exception des seuls justes, Deucalion et sa femme Pyrrha. Ils construisirent une « arche » où ils se réfugièrent pendant les neuf jours et neuf nuits que dura l'inondation et s'échouèrent sur une montagne de Thessalie.

Tous ces récits sont étonnamment concordants.

Les livres sacrés confirment les mythes et les traditions orales, et décrivent un déluge aux dimensions colossales. Au Tibet, en Chine, les chroniques rapportent qu'à la même époque que l'Exode biblique « durant plusieurs jours, le soleil ne se coucha pas... une vague d'une hauteur prodigieuse parvint jusqu'au Ciel et se précipita sur la Terre ».

En Inde, dans les Védas, les mondes s'entrechoquent, se heurtent en des éclats terribles.

Dans le Talmud, la Bible, le *Zend-Avesta* des religions mazdéiste, zoroastrienne et dans le Coran, les eaux se dressent pareilles à des montagnes.

Le papyrus égyptien Ipuwer parle du Ciel en confusion, de « la Terre retournée à l'envers comme la roue d'un potier » et détruisant tous les hommes.

Dans les manuscrits mayas comme le *Codex* de Dresde (fig. 5), le *Codex Troano* et le *Popol-Vuh* des Mayas-Quichés « la rivière est de sang... une pluie aussi noire que les ténèbres tombe jour et nuit », ouragans, séismes se déchaînent, exterminant toute l'humanité.

Déluges mésopotamien et biblique.

Examinons plus en détail le déluge universel dépeint dans la Bible. Il prend ses sources dans une version sumérienne et dans un poème épique assyro-babylonien qui date d'environ 2 500 ans avant J.-C., mais dont les événements mentionnés lui sont très antérieurs. Le récit provient de tablettes d'argile, sur lesquelles l'Orient antique écrivait en caractères cunéiformes. Découvertes par l'Anglais Austen Layard, ARCHÉOLOGUE AMATEUR, lors des fouilles de Ninive, elles se trouvaient dans les ruines de la bibliothèque avec quelque 20 000 tablettes. Transportées au British Museum de Londres par George Smith, autre archéologue amateur, autodidacte, graveur en billets de banque de son métier, attaché au British Museum, celui-ci classe et recolle les tablettes qui lui arrivent pêle-mêle, souvent brisées. Il parvient à traduire brillamment en 1872 celles qui relatent les aventures du héros-roi Gilgamesh et sa rencontre avec Uta-

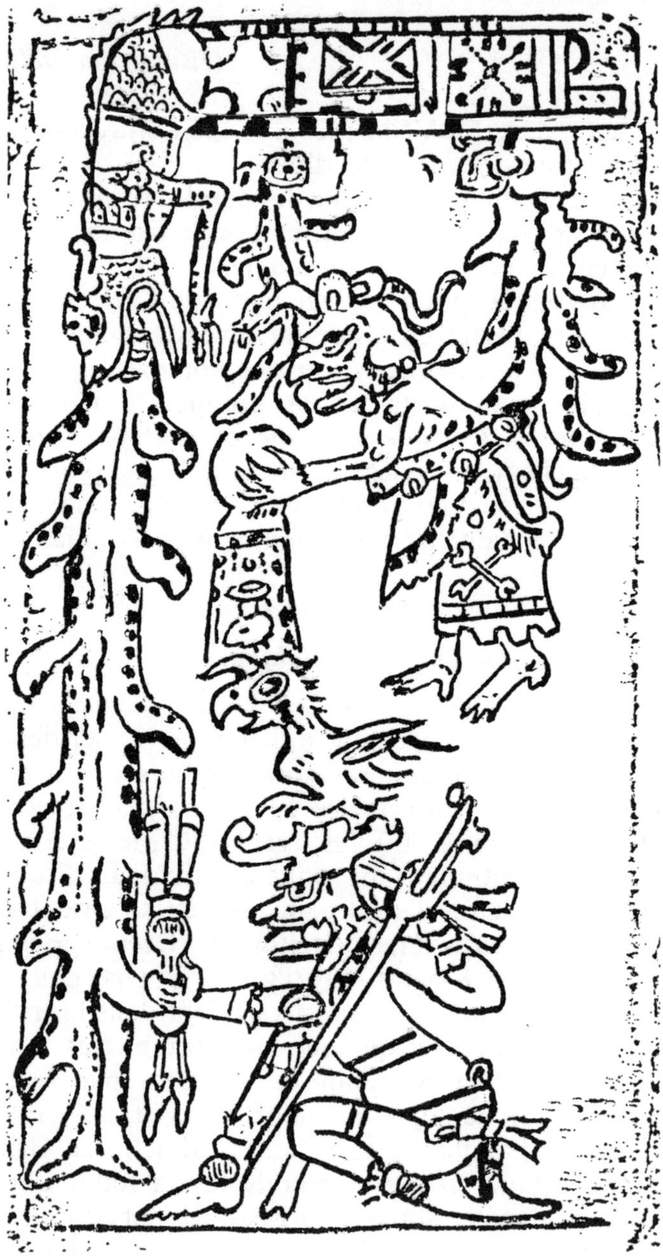

Fig. 5. — Cette page du *Codex de Dresde* maya serait une illustration du déluge. L'eau sort à flot de la gueule du serpent mythique. La grand-mère Ixmucané, déesse de la Terre et de la Lune, vide l'eau de la jarre divine avec ses germes de vie ; au-dessous, l'oiseau céleste lien Terre-Ciel.

napishtim, le Noé babylonien, qui lui raconte le déluge de Sumer.

L'épopée de Gilgamesh comprend douze tablettes. La onzième traite du déluge. Les dieux décidèrent d'anéantir les hommes pour les punir de leur corruption et, avec eux, la faune et la flore. Utanapishtim, prévenu de la catastrophe par Enki ou Ea, dieu de la sagesse et seigneur des eaux, construisit sur ses indications un bateau dans lequel, tel Noé, il fit monter sa famille, ses fils, leurs épouses, des animaux et, textuellement, « tout ce qu'il possédait comme semence de vie ». Le vent, le déluge sévirent « six jours et six nuits ». Le septième, la tempête s'apaisa et le bateau s'échoua sur « le mont Nisir ». Utanapishtim « ouvrit une fenêtre », lâcha une colombe, puis une hirondelle qui revinrent ne sachant où se poser ; enfin quand la corneille partit à son tour, elle contempla la décrue des eaux et ne retourna pas au bateau, ayant trouvé la terre ferme. Alors parut un arc-en-ciel en signe de concorde, pour assurer les hommes que les dieux ne les détruiraient plus par les eaux.

Voici le récit biblique, si semblable jusque dans les détails à celui de Gilgamesh :

Devant la violence et la corruption des hommes, Dieu décida que « tout ce qui est sur la terre périra », à l'exception de Noé juste et intègre, à qui il ordonna de construire sur ses indications une arche où il entra avec sa femme, ses fils, leurs compagnes et des couples de tous les animaux. « L'an six cents de la vie de Noé... les écluses du Ciel s'ouvrirent et la pluie tomba sur la Terre durant quarante jours et quarante nuits... Les eaux couvrirent les hautes montagnes... Tout être fut détruit... Il ne resta que Noé et ceux qui étaient avec lui dans l'arche ». Quand les eaux s'abaissèrent, l'arche s'échoua sur le mont Ararat. « Les eaux allèrent se retirant jusqu'au dixième mois. » Après encore quarante jours d'attente, « Noé ouvrit la fenêtre » et « lâcha le corbeau qui sortit, allant et revenant ». Il libéra ensuite la colombe qui partit et revint à diverses reprises jusqu'au soir où elle rentra avec « une feuille d'olivier toute fraîche dans son bec ; et Noé reconnut que les eaux ne couvraient plus la Terre ». Dieu dit à Noé : « Il n'y aura plus de déluge pour ravager la Terre... J'ai mis mon arc (l'arc-en-ciel) dans la nue, il deviendra signe d'alliance entre moi et la Terre » (Genèse, ch. VI, VII, VIII, IX).

L'analogie frappante entre les deux relations montre combien le récit assyro-babylonien, lui-même inspiré du sumérien, influença celui de la Genèse, de beaucoup postérieur au premier. Cependant une différence : la Bible, livre sacré des chrétiens monothéistes, ne nomme qu'un seul Dieu ; ils sont plusieurs dans la version suméro-babylonienne, ce qui correspond aux croyances des Mésopotamiens.

La figure 6 de la « Table du premier âge du monde » d'après l'Ecriture sainte donne la date du déluge, bien éloignée de celle déterminée à la suite de la traduction des textes cunéiformes.

Il existe aujourd'hui des preuves de ce déluge. On a découvert une ancienne liste de rois à la longévité extraordinaire, plusieurs milliers d'années pour chacun. Ils précédèrent le catacylsme et disparurent avec lui.

En 1929, l'archéologue anglais Leonard Woolley fournit la preuve irréfutable d'un déluge. Les fouilles d'Ur, dans la vallée de l'Euphrate, livraient continuellement de véritables trésors contenus dans les tombes royales de Sumer, jusqu'au jour où les ouvriers atteignirent un sol vierge sans aucun vestige. Pourtant, Woolley poursuivit les fouilles et s'aperçut qu'il s'agissait d'une couche alluviale argileuse de trois mètres d'épaisseur, au-dessous de laquelle on retrouva des vestiges d'habitats humains remontant à l'âge de la pierre taillée, donc sans aucun rapport avec les trouvailles des couches supérieures qui appartenaient à des civilisations évoluées. Seule, une formidable inondation pouvait expliquer cette couche de dépôts et la coupure brutale entre deux époques si différentes.

La nouvelle sensationnelle parut dans tous les journaux.

Cependant, à propos du déluge suméro-babylonien qui serait celui de la Bible, deux thèses s'affrontent. Pour les uns, il est la manifestation en Mésopotamie du déluge universel ; pour d'autres, il ne s'agit que d'une grande inondation locale comme il y en eut tant.

Evidemment, des pluies torrentielles pendant sept, neuf et même quarante jours et nuits ne risquent pas d'entraîner une inondation planétaire qui n'épargnerait que les sommets des montagnes au-dessus de 4 000 mètres. On peut aussi se demander quelle était la durée véritable de ces jours et de ces nuits.

La montée des eaux, dans le texte des tablettes, atteignit certainement des proportions catastrophiques, surtout en Basse-Mésopotamie. Devant son ampleur, ceux qui en réchappèrent pensèrent qu'elle couvrait toute la Terre, ce qui ne s'exclut pas obligatoirement. Le récit de ce déluge parvint jusqu'aux Hébreux qui le mentionnèrent dans l'Ancien Testament incorporé ensuite dans la Bible.

Quoi qu'il en soit, un fait est certain, attesté par les travaux des géologues et archéologues : une vaste inondation ravagea la Mésopotamie.

Concordance des récits.

La concordance remarquable des récits et descriptions des cataclysmes diluviens qui affectèrent la Terre entière, laisse à penser que chacun d'eux, tels les déluges suméro-babylonien et biblique, donne les récits locaux de ce qui se passait *simultanément* à une vaste échelle sur notre planète et dans les cieux. Ainsi s'explique la similitude des relations et des faits qui faillirent détruire l'humanité. Leur souvenir demeura gravé dans la mémoire des rescapés, qui le transmirent aux générations suivantes.

Pour terminer, il faut signaler la présence particulière des oiseaux, à la fin des déluges qui se caractérisent par des flots apaisés, des radeaux, bateaux et arches se posant au sommet des montagnes avec leurs occupants. Ce sont les OISEAUX qui apportent aux survivants la preuve que les terres émergent et reverdissent. Citons le canard qui ramène de la boue, le petit colibri de la tradition pré-incaïque qui revient une feuille au bec et la colombe biblique avec sa branche d'olivier.

Partout des aras, corbeaux, corneilles, vautours, éperviers, hirondelles et colombes marquent la fin du déluge mondial. Ils sont le signe de la réconciliation avec le ou les dieux. Ils matérialisent le LIEN entre le Ciel, la Terre et les hommes. On les rencontrera tout au long de ce livre, car, au cours des âges, tous les peuples prirent les oiseaux pour symboliser ce lien éternel.

Si, de nos jours, on traite encore ces récits de contes sans valeur, cela tient à ce que les événements cosmiques et leurs causes sont souvent personnifiés comme des démons, des dieux en continuelles batailles, auxquelles assiste l'humanité impuissante, livrée à leurs dissensions, leurs vengeances et leurs colères. Jusqu'au début du XIXe siècle, les savants refusent d'accepter que les pierres météorites et aérolithes tombent du Ciel, « le phénomène étant physiquement impossible ». Or on constate aujourd'hui que notre planète reçoit une tonne de poussières météoriques chaque jour.

Pour le savant astronome et physicien Arago, si un astre heurtait notre Terre, sa vitesse serait brusquement réduite, l'eau des océans « dépasserait les sommets des plus hautes montagnes, sous le choc la Terre changerait d'orbite, de révolution ».

La science moderne reconnaît qu'à diverses reprises notre planète a varié sur son axe, a subi des bouleversements qui entraînèrent les terribles conséquences que nous savons, mais bien avant elle, nous venons de le voir, les mythes, légendes, traditions et livres sacrés rendaient compte de déluges, de phénomènes cosmiques dont la réalité n'est plus à démontrer.

5

REMARQUES SUR LES DATATIONS

Avant de continuer sur la piste des oiseaux, précisons que, pour la facilité du lecteur, nous suivrons les faits retenus dans l'ordre chronologique de la science officielle, même quand nous ne serons pas d'accord avec cet ordre.

Rappelons qu'à toutes les époques coexistent des civilisations très avancées et d'autres qui le sont beaucoup moins. Cela demeure vrai au XXe siècle. A l'ère de la fusée spatiale, des tribus primitives : les Pygmées d'Afrique, les Lacandons du Mexique, les Jivaros et les Yagas de la forêt amazonienne vivent comme il y a 20 000 ans, mais sont bien incapables d'exécuter les fresques des artistes du paléolithique.

Il faut remarquer combien les datations avant la naissance de Jésus-Christ sont fluctuantes. Si nous remontons aux origines de l'homme, elles ne cessent de reculer dans le temps.

Chronologie biblique.

Dans la Bible, l'humanité débute avec Adam et nous lisons dans l'*Abrégé de la chronologie sainte* de 1701, du Sieur de Royaumont, que le « temps depuis la création du monde jusqu'à maintenant se divise en sept âges. Le premier âge, commencé avec le monde, s'est terminé au déluge et comprend 1656 ans 1 mois et 26 jours »... Suit la durée des âges. « ... Le sixième âge a débuté avec la liberté que Cyrus accorda aux Juifs, s'est achevé à la naissance de Jésus-Christ arrivée en 4 000, ainsi il comprend 532 ans. Le septième âge enfin, commencé à la naissance de Jésus-Christ, se terminera à la fin du monde », le nôtre.

	Est né l'an du monde,	A engendré l'an de sa vie,	A vêcu aprés avoir engendré,	A vêcu en tout,	Est mort l'an du monde,
1 Adam	1	130	800	930	930
2 Seth	130	105	807	912	1042
3 Enos	235	90	815	905	1140
4 Caïnam	325	70	840	910	1235
5 Malaleel	395	65	830	895	1290
6 Jared	460	162	800	962	1422
7 Enoch	622	65	300	365	987
8 Mathusala	687	187	782	969	1656
9 Lamech	874	182	595	777	1651
10 Noé	1056	500	450	950	2006
le Deluge a commencé	l'An du mode 1656	De la vie de Noé 600.	A duré un an.		A fini l'an 1657

Ont vêcu ensemble

Adam	Seth	Enos	Caïnam	Malaleel	Jared	Enoch	Mathusala	Lamech
Avec								
800	Avec							
695	807	Avec						
605	717	815	Avec					
535	647	745	840	Avec				
470	582	680	775	830	Avec			
308	365	365	365	365	365	Avec		
243	355	453	748	603	735	300	Avec	
56	168	266	361	416	548	113	777	Avec
		84	179	234	366		600	595

Tout est clair dans cette Table. On y voit l'âge des dix premiers Patriarches. On voit le temps auquel ils sont nez : celuy auquel ils ont commencé d'avoir des enfans : combien ensuite ils ont vêcu d'années ; & quel âge ils avoient lors qu'ils sont morts. L'Ecriture a marqué précisément toutes ces circonstances ; & c'est d'elle qu'on a pris ce qui est icy. C'est par elle que l'on reconnoist que le deluge est arrivé l'an 1656. du monde, puis qu'il est arrivé l'an 600. de Noé qui est né l'an 1056. du monde.

Fig. 6. — Table du premier âge du monde. *Histoire du Vieux et du Nouveau Testament avec des explications* par le sieur de Royaumont, 1701.

Les oiseaux messagers des dieux

D'après cette table, Adam, né l'an 1 du monde, meurt à l'âge de 930 ans, et 4 000 ans s'écoulent entre sa naissance et celle du Christ.

L'archevêque irlandais Ursher affirmait en 1654 que, selon les Ecritures, la création se produisit le « 26 octobre de l'an 4004 avant J.-C., à 9 heures du matin ». Quelle précison dans l'erreur !

L'humanité entière depuis le premier homme n'aurait donc, selon la Bible, qu'à peine 6 000 ans d'âge puisque nous sommes au XXe siècle, ce qui est infime en regard des datations actuelles. Mais que sont les « années » et les « jours » de la Bible ?

Relativité des datations.

Les spécialistes s'accordent pour donner aux humains la durée du Quaternaire : un million d'années. On parle de les reculer à la fin du Tertiaire, ce qui les vieillira encore de quelques millions d'années supplémentaires. Nous sommes bien loin des 6 000 ans de la Bible. Quant à l'homme moderne du type *homo sapiens,* il ne compterait qu'environ 38 000 ans.

On respecte les dates bibliques jusqu'au XVIIIe siècle sans se poser de questions et, pour tous, l'homme n'apparaît sur la Terre qu'au quatrième millénaire avant notre ère, alors qu'avant cette date fleurissent les premières villes datées d'environ : Chatal Hüyük, 9 000 ans et Jéricho, 7 500 ans. Les grandes civilisations égyptienne et sumérienne possèdent déjà l'écriture.

On a écrit « l'Histoire commence à Sumer », en Mésopotamie, il y a environ 6 000 ans. Les révélations de Chatal Hüyük et de Jéricho supplantent Sumer en durée, en attendant que d'autres découvertes les remplacent à leur tour.

Au XIXe siècle, Champollion chiffre à 3 000 ans l'ancienneté de la civilisation égyptienne. Aujourd'hui, on lui accorde 5 000 ans, ce qui est très insuffisant. Auteurs et savants de l'Antiquité lui donnaient entre — 30 000 et — 23 000 ans avec, pour les constructions des grandes pyramides, de 10 000 à 11 000 ans avant J.-C. Nous reviendrons sur ces questions au chapitre XI.

Lorsqu'il s'agit des civilisations des Amériques centrale et latine, les errances et les incertitudes sont aussi importantes.

L'exemple de Tiahuanaco la « ville éternelle ».

Prenons le cas de la mystérieuse cité de Tiahuanaco, placée sous le signe des êtres ailés. Située à 21 kilomètres du lac Titicaca en Bolivie, « ville éternelle » pour les Indiens, il n'en subsiste que des vestiges.

Ici comme ailleurs, l'usure du temps et surtout le vandalisme des hommes contribuèrent largement à sa destruction. Les Incas et leurs successeurs — et ce jusqu'à une date encore récente — utilisèrent ses énormes blocs pour paver les routes. Ils firent éclater les plus volumineux, y compris les statues, afin d'en rendre le transport plus facile et s'en servirent pour la construction de nombreux édifices publics et religieux.

On peut dire qu'il reste peu de chose, mais ce reste ce sont : le plan de la ville encore visible sur des kilomètres, l'énigmatique « Porte du Soleil » dont le style rappelle celui des portes de Persépolis et sur laquelle figure un des messages ailés les plus prodigieux de notre planète (hors-texte), des murailles encore debout de facture si particulière, des réseaux de canalisations, des assises de temples, des blocs-colonnes de plusieurs tonnes aux formes géométriques parfaites dont l'emplacement, comme celui des portes, répond à des observations astronomiques précises, enfin, d'étranges personnages monolithiques couverts de signes dits indéchiffrables.

Tout crie l'ancienneté de ce plateau, de ce site prodigieux, jusqu'au paysage inhospitalier, aride et désolé, qui ne se prête pas à l'établissement d'un grand centre, tout au moins dans une période aussi proche que celle qu'on lui attribue.

Mais pour en juger faut-il encore l'avoir vu, ce qui n'est pas le cas de tant de gens qui répètent, copient même les erreurs grossières. On ne découvre pas les secrets du monde dans un fauteuil, surtout quand il s'agit de centres du genre Tiahuanaco.

D'après Horbiger, il y a des milliers d'années, la ville était un port au bord du Pacifique. Actuellement, elle domine l'océan de près de 4 000 mètres, ce qui suppose des cataclysmes dont l'origine se perd dans la nuit des temps. D'après les Aymaras, Tiahuanaco surgit en une nuit au moment de la création du monde, dans le chaos et l'obscurité, bien avant que les étoiles ne brillent au Ciel.

Encadré d'étranges personnages à tête de condor, l'énigmatique dieu central de la Porte du Soleil nommé Viracocha, créateur des mondes et de toutes choses, serait issu selon les traditions du lac Titicaca ou de l'océan. Il voyageait accompagné de l'oiseau Inti qui connaissait le passé et l'avenir. Les premiers hommes auraient construit la ville en l'honneur du dieu, après le déluge. A cette époque, tous parlaient la même langue, mais Viracocha les dispersa et elle se perdit. Cela rappelle l'épisode biblique de la tour de Babel.

Arthur Posnansky, l'ingénieur allemand qui sortit Tiahuanaco de l'oubli, comptait trois villes superposées et datait de 10 000 ans avant notre ère la partie la plus récente. Les datations officielles modernes la situent vers 800 ou 900 après J.-C., l'influence de sa civilisation s'achevant aux ENVIRONS de 1200. Posnansky doit être dans le vrai. Les autres datations paraissent erronées car, lorsque les Espagnols se trouvent sur les lieux en 1540, ils apprennent que les ruines sont bien antérieures aux Incas. Or ils les croyaient les constructeurs de la cité.

On oublie trop souvent que les Incas furent les derniers envahisseurs précolombiens de la Bolivie et du Pérou qu'ils n'occupèrent que 400 ans, les conquistadores ayant mis fin à leur civilisation.

Si l'on envisage la création de Tiahuanaco vers l'an 1000, il ne se serait écoulé que 500 ans entre sa disparition et la venue des Espagnols, ce qui est invraisemblable. A l'arrivée des Incas comme à celle des Espagnols et encore aujourd'hui, le mythe des origines lointaines de la cité demeure toujours vivace chez les Indiens. Etonnamment, on n'en tient aucun compte. Une date aussi proche, correspondant à notre Moyen Age français, s'accepte difficilement.

On emploie couramment avec les datations même officielles les mots « approximativement, environ, vers » ou « on manque de références, on ne peut déterminer l'époque, le moment, les origines... » Cela démontre combien il est difficile de les fixer avec précision, particulièrement pour un lointain passé.

6

VOLIÈRE COSMIQUE

Nous ignorerons sans doute toujours comment les hommes de la préhistoire nommaient les astres. Nous verrons au chapitre VII qu'ils remarquaient les figures formées par des groupes d'étoiles ou constellations et les reproduisaient sur les parois des principales grottes à peintures, considérées comme des sanctuaires.

Les peuples qui leur succédèrent placèrent au Ciel tout un monde ailé, inspiré des dessins créés par l'ordonnancement de certaines étoiles, et dont les appellations parvinrent jusqu'à nous.

Comment on baptisa les constellations.

Le mouvement des constellations est tellement lent qu'elles paraissent fixes ; aussi les voyons-nous sensiblement pareilles à celles qu'observaient nos ancêtres. Les formes qu'elles évoquent n'ont souvent qu'une ressemblance lointaine avec la réalité, il faut alors beaucoup d'imagination pour retrouver les figures qui déterminèrent leurs noms ; ceux-ci reflètent d'ailleurs l'esprit qui les baptisa.

Les constellations rappellent des objets : Lyre, Coupe, Balance ; des animaux fantastiques : Hydre, Pégase,

Centaure, Dragon ; ou familiers : Lézard, Chien, Paon, Corbeau, Colombe, et des héros, des dieux, liés comme le Cygne et l'Aigle aux mythologies grecque et romaine.

Aux XVIIe et XVIIIe siècles, les Occidentaux influencés par le rationalisme et une certaine technique issue des nouvelles inventions désignèrent les groupes d'étoiles, particulièrement dans l'hémisphère austral, par des noms qui marquent bien les préoccupations de ces époques. Ce sont : les Compas, Octant, Sextant, Réticule, Télescope, Fourneau chimique, Machines électrique et pneumatique.

Pour les habitants des pays situés sous l'équateur, ces dénominations purement conventionnelles ne se rattachent à aucune de leurs connaissances et n'évoquent rien.

Les constellations qui portent des noms d'oiseaux s'éloignent de cette froide technicité démodée et comportent de belles légendes.

Constellation du Corbeau.

Elle se situe dans le ciel austral près de l'équateur, sur le dos de l'Hydre. Bien avant Eudoxe, célèbre astronome grec qui vivait aux environs du IVe siècle avant notre ère, on mentionnait ces constellations sans qu'on puisse savoir qui les baptisa ainsi.

Lalande, dans son *Astronomie,* donne une explication à la position curieuse des étoiles du Corbeau et de la Coupe sur le dos de l'Hydre. D'origine grecque, l'histoire ne manque pas de saveur.

Apollon, fils de Zeus, voulant faire un sacrifice en l'honneur de son divin père, envoya à cet effet le corbeau remplir une coupe d'eau pure. Sur son trajet, le corbeau aperçut un figuier et voulut goûter à ses fruits, mais ils étaient verts. Il décida d'attendre qu'ils mûrissent afin de se régaler ; cela prit du temps. A son retour, craignant la colère d'Apollon, il accusa un serpent de l'avoir incité à désobéir.

Le dieu, qui possédait le don de divination, résolut de le punir pour son mensonge. Il noircit le plumage primitivement blanc du corbeau, le condamnant par surcroît à rester dans le Ciel, pour l'éternité, devant cette coupe qu'il n'avait su remplir.

Autour du pôle austral où aucune étoile ne se distingue suffisamment pour jouer le rôle de guide ou d'étoile polaire, ce qui gêna tant les navigateurs du passé, voisinent l'Oiseau de paradis, l'Oiseau indien, et le Paon qui, par sa magnificence, s'imposa à tous. Les Grecs le consacrèrent à Héra ou Junon, l'épouse de Zeus. Symbole cosmique d'immortalité chez de nombreux peuples, lorsqu'il faisait la roue il était l'Univers, le Ciel étoilé et le Soleil en plein midi.

Le Toucan, au bec énorme, donne son nom à un magnifique amas d'étoiles qui forment une plage laiteuse, où se voit à l'œil nu une belle étoile double.

La Grue, censée d'après les traditions de l'Extrême-Orient vivre 1 000 ans, symbole de longévité et d'immortalité, se place avec ses sept étoiles au voisinage du Phénix qui relève du même symbole puisque, après avoir préparé lui-même le bûcher sur lequel il s'immole dans les flammes, il renaît de ses cendres. Lié au culte solaire des Egyptiens, oiseau mythique de la régénération par le feu, divin et mystérieux, il devait comme les précédents se situer dans le Ciel.

Ces dernières appellations proviennent des premiers navigateurs qui se hasardèrent aux XVIe et XVIIe siècles dans les régions du pôle austral.

Constellation du Cygne.

Dans notre hémisphère boréal, une belle légende se rapporte à la constellation du Cygne.

Par les claires nuits d'été, nous pouvons la contempler à l'œil nu avec sa magnifique étoile Alpha α (hors-texte), appelée en arabe Deneb ou « queue de la poule ». D'une grosseur prodigieuse, si lointaine qu'elle paraît fixe, on s'aperçoit cependant au spectrographe qu'elle s'approche de notre planète, mais des millions d'années ne suffiront pas pour qu'elle rejoigne notre système solaire.

Au cours des siècles, le nom de la constellation a varié. Ptolémée, 200 ans après J.-C., la nommait l'Oiseau, puis elle fut la Poule et, au xe siècle, les Arabes en firent le Pigeon. Elle resta la Poule pendant le Moyen Age et, à la Renaissance, elle redevint le Cygne.

Le nom donné par les Grecs demeura avec la légende qui s'y rapporte, car le Cygne « céleste » n'est autre que Zeus, maître des dieux de l'Olympe et des hommes. Amoureux de Léda, il se transforma en ce bel oiseau pour la séduire. A la suite de ses rapports avec le dieu, Léda pondit deux œufs contenant chacun deux enfants de sexe différent. L'un donna naissance à un garçon, Castor, et une fille, Clytemnestre, voués à la mort, car Léda ayant également eu, en cette nuit mouvementée, des rapports avec Tyndare, son époux, roi de Sparte, ils furent considérés comme les fruits de ses œuvres.

Par contre Pollux et sa sœur Hélène, issus de l'autre œuf, devinrent immortels en tant qu'enfants de Zeus.

Les demi-frères, élevés ensemble, s'aimaient beaucoup. Inséparables, ils prirent part à l'expédition des Argonautes commandée par Jason, désireux de conquérir la fameuse Toison d'or qui apporterait gloire, honneur et richesse. Ils ramenèrent leur sœur Hélène après son premier enlèvement par Thésée et, toujours ensemble, voulurent ravir les filles de Leucippe, déjà promises. A la suite d'un violent combat qui les opposa aux fiancés, Castor trouva une fin tragique.

Pollux, atterré, supplia Zeus d'intervenir pour qu'il rende son frère immortel comme lui. Cela n'étant pas possible pour le fils de Tyndare, le dieu décida de partager cette immortalité, de façon que chacun des deux frères en bénéficiât au cours de l'année ; mais ce fut au détriment de Pollux qui connut désormais la mort pendant les six mois de vie accordés à Castor.

Divinisés, portant souvent un casque en forme de demi-œuf en souvenir de leur naissance, tous deux prirent rang dans les signes du zodiaque sous le nom de Gémeaux.

Constellation de l'Aigle.

Oiseau de Jupiter, symbole de lumière céleste et solaire, supposé capable de fixer le Soleil sans en perdre la vue et roi des oiseaux, l'aigle ne pouvait manquer de frapper les imaginations. Aussi figure-t-il dans la volière cosmique.

Zeus, dieu paillard, se transforma en aigle pour réussir un nouveau rapt, celui du beau Ganymède, jeune prince troyen qu'il voulait constamment près de lui. Les Grecs crurent reconnaître l'adolescent dans certains alignements d'étoiles et lui donnèrent son nom.

Au IIe siècle après J.-C., le célèbre astronome grec Ptolémée, pour plaire à l'empereur romain Adrien, associa à la constellation de l'Aigle un groupe d'étoiles qu'il nomma Antinoüs en souvenir de son favori, jeune esclave d'une grande beauté qui se noya dans le Nil. L'empereur inconsolable fit frapper des médailles, des monnaies, bâtir des temples et reconstruire la ville de Bésa en l'honneur du jeune homme.

De nos jours, la vue de la constellation de l'Aigle n'évoque plus ces légendes. Par contre, les étoiles qui la composent, sujettes à des variations d'éclat et de grandeur, fournissent un exemple des continuelles transformations du Ciel. On l'admire sur les rives de la Voie lactée (hors-texte), au sud de la Lyre, avec sa blanche étoile de première magnitude Altaïr, qui signifie en arabe « l'aigle volant ».

Aux constellations précédentes, visibles de nos latitudes, s'ajoutent celles du Coq et de l'Oie, aujourd'hui oubliées sous ces appellations.

Les Pléiades, aux six étoiles facilement repérables, inspirèrent les occupants des cavernes qui les reproduisirent sur les parois, 17 000 ans avant notre ère. Nommée autrefois la « Poussinière », la « Poule et ses poussins », actuellement, avec les progrès de l'astronomie et les puissants télescopes, la « Poule » compte des centaines de poussins-étoiles.

La Colombe, symbole de simplicité, de pureté de l'âme, oiseau sacré d'Aphrodite utilisé pour déterminer les présages favorables, le christianisme la popularisa dans le Saint-Esprit de la Trinité chrétienne. Messagère divine, quand les eaux du déluge se retirèrent, elle rapporta à Noé le rameau d'olivier qui marquait la fin du courroux de Yahveh et la paix retrouvée.

Les imaginatifs marins portugais la découvrirent comme constellation près de la plus grande, celle du Navire ; ils les associèrent dans le souvenir du déluge biblique. Très visible en France en janvier et février, la Colombe comporte de brillantes étoiles des trois premières grandeurs.

La Voie lactée, chemin des oiseaux et des âmes.

Notre petite Terre, dans son petit système solaire, appartient à la galaxie, nébuleuse spirale appelée poétiquement la Voie lactée. Immense traînée laiteuse d'un diamètre de 100 000 années-lumière, visible à l'œil nu par les belles nuits claires, elle se compose de milliards d'étoiles.

Notre Soleil se loge à l'une de ses extrémités, sur l'un des « bras », très loin de son centre, à 30 000 années-lumière. Sachant que la lumière se propage à la vitesse de 300 000 kilomètres à la seconde, et qu'une de ces années compte environ 9 500 milliards de kilomètres, inutile de faire la multiplication. Nous atteignons des nombres si élevés que nous ne pouvons concevoir de telles distances.

Dans ce prodigieux amas d'étoiles se déplace notre minuscule Terre ; il n'y a encore que quelques siècles, on menaçait du bûcher ceux qui osaient prétendre qu'elle n'était pas le centre de l'Univers, ce qui pourtant ne manquait pas de prétention.

La Voie lactée doit son nom à la mythologie grecque : Héra, alors qu'elle nourrissait Héraclès, aurait laissé tomber de son sein des gouttes de lait qui se répandirent comme un fleuve autour du Soleil. Au Mexique, chez les Aztèques, elle s'identifiait à un long serpent blanc que l'Aigle-Soleil dévorait chaque jour.

Pour les peuples voisins du cercle polaire et ceux de Sibérie, Laponie, Finlande et Estonie, la Voie lactée représente toujours le CHEMIN DES OIES SAUVAGES, considérées comme des messagères du Ciel et des autres mondes. Elle est le CHEMIN DES OISEAUX, la route lumineuse que suivent les âmes d'un monde à l'autre, du plan terrestre au céleste.

D'après les traditions, elle symbolise les chemins initiatiques, pour les musulmans, celui de La Mecque. Naguère pour les chrétiens, cette voie menait au paradis et indiquait le trajet des pèlerinages, tel celui de Saint-Jacques-de-Compostelle, parcouru précédemment par les druides.

Coup d'œil sur les mouvements stellaires.

La science des astres, aux multiples symboles, joue depuis toujours un rôle essentiel dans les croyances et les religions, détermine bien des cultes et des cérémonies, s'associe à des expériences qui utilisent souvent des pouvoirs mal connus de l'homme.

Le Cosmos n'est que perpétuels mouvements et vibrations. Les milliards d'étoiles, ces soleils, foncent à des vitesses vertigineuses dans le noir infini, à des distances incommensurables.

Notre Soleil, infime étoile de cet univers sans bornes, entraîne la Terre et ses autres planètes dans le prodigieux tourbillon du Cosmos (le moindre atome sur la Terre comme dans l'univers étant animé).

Des mondes se créent, d'autres disparaissent en des explosions fantastiques, ce qui se traduit pour les observateurs terriens par de simples changements : apparitions, disparitions, variations de couleur ou d'éclat dans les étoiles. C'est le cas de l'une d'elles qui bouleversa l'Europe au milieu du XVIe siècle. Surgie brusquement, elle brilla dix-sept mois, pâlit puis disparut sans laisser de trace. Cette étoile fut aperçue simultanément en Allemagne, en France et sans doute dans toute l'Europe. Apparue quelques mois après l'horrible massacre de la Saint-Barthélemy, elle causa une profonde émotion. Craintes et superstitions se donnèrent libre cours. On crut à la fin du monde, prédite à diverses reprises par les astrologues.

Entraînées dans le mouvement général des astres, les constellations se déplacent, changent d'aspect. Ainsi, la Croix du Sud brillait il y a des milliers d'années en Europe ; actuellement, elle resplendit dans l'autre hémisphère et nous l'avons souvent admirée la nuit au-dessus de la majestueuse Cordillère des Andes. Les constellations de la Grande et de la Petite Ourse avec l'étoile polaire se voyaient déjà dans le ciel de France au temps des mammouths, mais sous un autre aspect.

Nous donnons ces quelques précisions, car nous voulons prouver, au chapitre suivant, que les peintures de certains groupes et alignements de points représentés dans les grottes préhistoriques sont des constellations. Si leurs figurations diffèrent de celles que nous voyons aujourd'hui, cela tient aux raisons que nous venons de citer rapidement. Elles suffisent à expliquer qu'au cours des millénaires les étoiles varient, passent d'un hémisphère à l'autre, modifiant totalement la topographie du Ciel pour un lieu déterminé. Ajoutons qu'évidemment la vision, l'interprétation des artistes interviennent dans ces représentations ; elles n'en demeurent pas moins reconnaissables.

7

L'OISEAU ET LES PRODIGIEUSES CONNAISSANCES DE LA PRÉHISTOIRE

L'art préhistorique s'est manifesté dans le monde entier. Les œuvres maîtresses apparaissent au milieu du paléolithique supérieur qui débute vers 35 000 ans avant J.-C., avec des sculptures et gravures sur corne, os, ivoire ou pierre.

Nous ne traiterons que de l'art pariétal. Les magnifiques fresques qui couvrent les parois de nombreuses grottes suffiront largement à mettre en lumière le prodigieux savoir des hommes des cavernes.

A cette époque, le Nord de l'Europe, presque toute la Russie, l'Irlande et l'Angleterre sont pris dans la glace. Les icebergs dérivent jusqu'en Espagne. En France, les glaciers ne couvrent que les régions montagneuses.

Invraisemblablement, on connaît si mal les hommes du paléolithique, que bien des illustrations modernes les représentent encore hirsutes, pieds nus, à peine couverts d'une peau de bête nouée sur une épaule. Rien de tel pour geler vif. La nature, elle, prévoyante, dotait leur contemporain le mammouth, ancêtre de l'éléphant, de longs poils, et le rhinocéros d'une toison laineuse. Aussi nous pensons qu'ils possédaient des vêtements plus rationnels, s'adaptant aux rigueurs du climat, comme le montre un dessin gravé sur une plaque vieille de

12 000 ans qui reproduit une femme bottée, habillée confortablement avec un pantalon, un manteau qui l'engonce, et la tête protégée par une épaisse toque. Mais on continue à juger ces hommes trop stupides pour se vêtir chaudement en période glaciaire, avec les fourrures qui ne leur manquaient pas et... les vieux clichés ont la vie dure.

Nous voulons démontrer dans ce chapitre que, contrairement aux idées communément admises, nos lointains ancêtres étaient des connaissants, au sens large du terme, et non les pauvres brutes simiesques trop souvent décrites. Pour qu'il ne subsiste pas de doute sur leurs possibilités techniques, intellectuelles et psychiques, ajoutons que tous les savants s'accordent à reconnaître que leur cerveau était identique au nôtre. Celui des Néanderthaliens l'égalait dejà depuis plus de 70 000 ans.

Lorsque apparaissent, aux environs de 20 000 avant J.-C., les premières manifestations esthétiques de l'art rupestre franco-cantabrique, il y a des milliers d'années que s'est effectué le déverrouillage préfrontal, qui permet le développement des parties antérieures du cerveau par la libération de la zone cérébrale des fonctions affectives, de la conscience lucide et de la maîtrise totale de la motricité.

L'abondance de l'outillage en silex, malgré sa perfection, sa finesse, fit voir trop longtemps nos ancêtres comme des ramasseurs de cailloux, de galets qu'ils cassaient pour obtenir un tranchant à l'endroit de l'éclat. Affirmer qu'ils n'utilisaient que ce genre d'industrie relève de l'hypothèse. Reconnaissons que si les silex ouvragés se rencontrent si nombreux, cela provient de leur résistance car ils ne sont réduits en miettes que par écrasement, ce qui se produit avec les lourdes machines agricoles modernes dans les champs à silex.

Aujourd'hui, on ne bâtit pratiquement plus et on grave peu dans la pierre. Si un cataclysme universel se produisait, que resterait-il des millénaires après la catastrophe de notre civilisation du béton ? Peu de chose, mais assurément subsisteraient les anciennes constructions cyclopéennes comme les pyramides d'Egypte, les forteresses du type Sacsahuaman au Pérou, les statues monolithes, les dolmens, menhirs, et les outils de silex des musées, des collections privées, ceux toujours enfouis dans la terre mêlés aux vestiges des siècles passés, l'ensemble constituant un bel imbroglio.

Les preuves de l'état avancé de l'évolution des Paléolithiques ne manquent pas ; elles s'inscrivent tout au long des parois des grottes à peintures et jusque dans le choix de leur emplacement.

Emplacement des grottes initiatiques et courants telluriques.

Plusieurs facteurs déterminent leur emplacement afin qu'elles se trouvent à l'abri des profanes. Elles se situent donc fréquemment en des lieux déserts d'accès difficile et même dangereux.

En Espagne, la grotte de Pindal, près d'Oviedo, s'ouvre dans un endroit isolé de la falaise et domine l'océan Atlantique d'une quinzaine de mètres.

Pour pénétrer dans celle des Trois-Frères, on prend une barque. Autrefois, on accédait au véritable sanctuaire par une cheminée de dix mètres.

A l'intérieur des cavernes, les œuvres pariétales secrètes ou les plus belles se cachent dans les parties sombres et reculées, à Lascaux dans un puits, à Niaux, à 800 mètres de l'entrée dans le célèbre « salon noir », haut comme une cathédrale.

Le facteur essentiel du choix tient à une CONNAISSANCE SCIENTIFIQUE DES PALÉOLITHIQUES, qu'on croyait jusqu'ici détenue par les seuls initiés des grandes civilisations. Pendant des millénaires, elle déterminera l'emplacement des dolmens, menhirs, pyramides, temples et cathédrales qui ne s'érigeront pas au hasard mais sur des lieux privilégiés, où s'exerçait l'influence des COURANTS TELLURIQUES si mal connus des savants modernes.

Ces courants, phénomènes d'origine électro-magnétique, parcourent notre planète plus ou moins profondément selon le relief, la conductibilité des terrains et la présence de l'eau. Au-dessus des puits, des failles étroites et profondes, leur action bénéfique se manifeste au maximum, et prépare aux initiations. Dans ces lieux, les personnes aux facultés supranormales vibrent comme des harpes, saisissent, transmettent des messages, entrent en communication avec des entités, jouissent de réels pouvoirs rendus plus sensibles dans les lieux sacrés.

A Delphes, on construisit le temple d'Apollon sur une faille à l'ouverture de laquelle sur un trépied (trois pieds), symbole céleste parfois ailé, s'asseyait la Pythie ou prêtresse chargée de rendre les oracles. Les vapeurs, les émanations qui se dégageaient de la crevasse favorisaient la communication avec le dieu. Au milieu des cris et de l'agitation de la Pythie en transe, les prêtres relevaient ses paroles incohérentes et les interprétaient selon les besoins.

L'eau étant un excellent conducteur, les lieux initiatiques de tous les temps se situent sur des ruisseaux, des sources souvent dites miraculeuses ou au voisinage des fleuves et des rivières.

Sur l'emplacement de la cathédrale de Chartres s'élevait un tertre druidique qui recouvrait un dolmen et son allée, situés justement au-dessus d'une source. Un temple romain s'y édifia, puis une église. Actuellement, la source et le puits existent toujours sous la crypte de la cathédrale.

Toujours l'eau sourd, coule et bruit près des lieux sacrés.

Les célèbres grottes préhistoriques de la vallée de la Vézère, en Dordogne, bénéficient d'une région très arrosée avec des ruisseaux, des rivières et « serpents d'eau » souterrains, les vouivres. La rivière Hountaou parcourt celle de Montespan en Haute-Garonne d'un bout à l'autre sur 2,6 km ; Niaux, située sur un glacier souterrain, possède deux lacs intérieurs ; son entrée s'ouvre à une centaine de mètres au-dessus de la rivière de Vic-de-Sos. Aux Trois-Frères, il faut emprunter une barque et traverser un canal sur une soixantaine de mètres. Toutes, excellents centres telluriques, sont condensatrices de forces qui se rencontrent à la surface de la Terre avec les énergies de l'Univers. La grotte et la caverne, que Platon nommait des antres cosmiques de l'initiation, reliaient ainsi le monde inférieur au supérieur.

Les spécialistes remarquent justement que ces grottes ne furent généralement pas habitées, parfois seulement à leurs entrées. On n'y trouve aucune trace d'objets fabriqués. Elles étaient des SANCTUAIRES, des LIEUX INITIATIQUES SECRETS, réservés aux cérémonies de culte avec libre accès aux seuls prêtres et sorciers. Ce qui n'exclut pas, dans les immenses salles, des cérémonies à l'assistance nombreuse. Les couloirs interminables où l'on risquait de s'égarer, l'atmosphère mystérieuse, l'obscurité plongeaient les profanes dans une respectueuse terreur. Les entrées, les œuvres dissimulées au profond des grottes sur des lieux propices confirment leur caractère initiatique.

Les oiseaux messagers des dieux

Aux environs de 15 000 ans avant J.-C., notamment en Espagne et dans le Sud-Est de la France, les hommes des cavernes peignirent les plus belles fresques de la préhistoire. Elles donnèrent lieu à de nombreuses polémiques entre savants préhistoriens. Cela débuta en 1879 avec les peintures d'Altamira, en Espagne. Leur incontestable valeur artistique et la fraîcheur des couleurs firent penser à un faux « trop beau pour être vrai », disait-on. Il fallut attendre vingt ans, que l'on trouve d'autres grottes ornées, pour que l'authenticité des œuvres pariétales soit reconnue officiellement. Malgré ces précédents, les mêmes doutes se levèrent à propos de la plus célèbre découverte en 1940, Lascaux. Ils ne se dissipèrent qu'après plusieurs années.

Oiseaux et figurations humaines.

Moins nombreux que les mammifères, les oiseaux jouent un rôle surtout symbolique ; aussi ne peut-on toujours mettre un nom précis sur chacun. Il suffit de reconnaître un oiseau. Celui de Lascaux, matérialisation de l'âme, est assez révélateur à cet égard ; nous l'analyserons par la suite.

On rencontre, identifiables sur les parois des grottes, des plumes de toutes tailles, des perdrix, des oiseaux de proie, hiboux, chouettes des neiges (fig. 7), compagnons de la nuit et, de tout temps, des sorciers et magiciens.

L'outarde, représentée souvent, gibier de choix presque totalement disparu, chassé sans répit pour sa chair succulente, sa taille imposante 1,50 m de long (fig. 7), énorme oiseau migrateur qui revenait avec les beaux jours, concrétisait sans doute la période d'abondance. L'empreinte de sa patte est partout et se classe dans les signes abstraits ; nous en reparlerons.

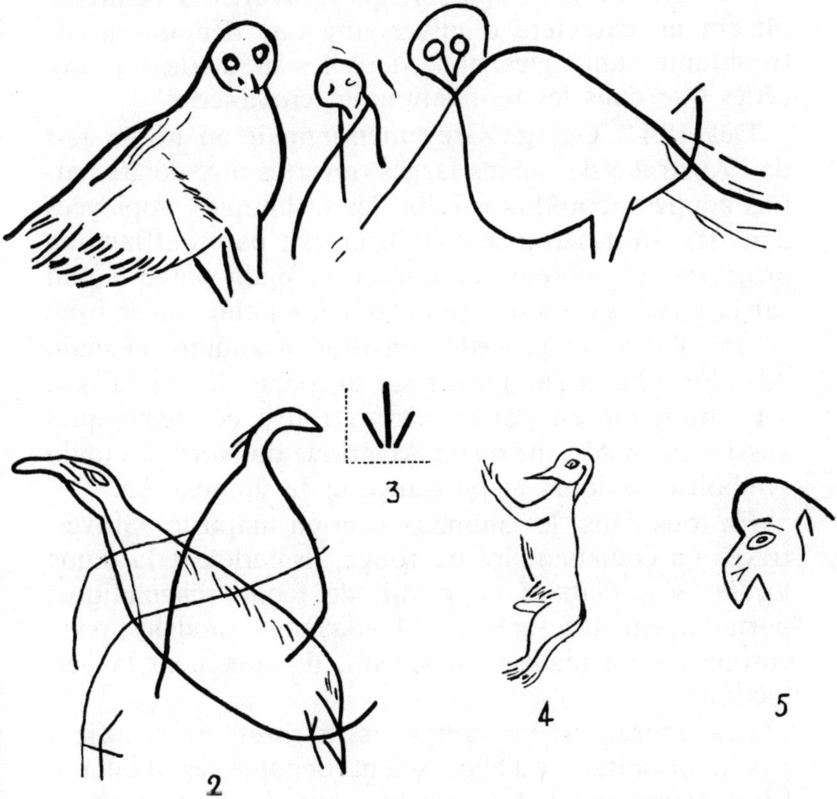

Fig. 7. — Grottes franco-cantabriques, oiseaux et hommes-oiseaux :
1 — Ariège, grotte des Trois-Frères, chouettes des neiges et leur petit.
2 — Espagne, El Pendo, région de Santander, deux outardes reconnaissables à leur forme et à leur volume.
3 — Marque fréquente de la patte de l'outarde.
4 — Altamira, homme-oiseau ithyphallique qui rappelle étrangement celui de Lascaux.
5 — Marsoulas, Haute-Garonne. Tête d'homme avec masque à tête d'oiseau (dessin d'après H. Breuil, 1906)

On ne cesse de découvrir des rochers, des abris, des grottes ornées. On s'aperçoit que gravures et peintures offrent un caractère d'universalité que démontrent de troublantes analogies, tant dans les méthodes et procédés que dans les motivations et croyances.

Dès 1841, George Grey mentionnait au nord-ouest de l'Australie des mains larges ouvertes aux doigts parfois coupés, reproduites selon les techniques employées dans les grottes franco-cantabriques ; par soufflage en projetant les couleurs autour de la main posée à plat sur la paroi, sa marque se détachait en clair sur le fond coloré. Un autre procédé consistait à enduire la main de colorant et à l'appliquer sur la roche, où elle laissait son empreinte en positif. On retrouve ces techniques aussi bien en Afrique qu'en Amérique du Nord. La main symbolise toujours la puissance et la domination.

En tous lieux, les animaux sont en majorité. Gravés, tracés en couleur noire ou rouge, ils reflètent la faune locale. Vus d'abord de profil, de façon schématique, parfaitement structurés, au Magdalénien, modelés, polychromes, d'un réalisme saisissant, ils atteignent la perfection.

Les figurations humaines, assez rares, ne signifient pas pour autant qu'elles soient dépourvues d'intérêt. Elles représentent les sorciers aux dons étranges et redoutables qui apparaissent sous divers aspects : nus ou le corps couvert de peaux de bêtes et le visage masqué. Celui que l'abbé Breuil nomme le « Dieu des Trois-Frères » domine l'ensemble de la salle principale. Son masque porte une barbe, des yeux de chouette, des oreilles et des bois de cerf. Une petite plate-forme, située au-dessous du dessin, permettait au sorcier de s'y tenir comme dans une chaire. Plus loin, au milieu d'une foule de rennes, chevaux et bisons, un sorcier, la tête couverte d'un masque à cornes, danse en soufflant dans une sorte de flûte.

Des personnages à tête d'oiseau se rencontrent assez nombreux. Citons Marsoulas en Haute-Garonne, Casarès en Espagne et la caverne d'Altamira où (fig. 7) des hommes ithyphalliques (en état d'érection), les bras levés vers le Ciel, rappellent curieusement celui de Lascaux et signalent un message des plus insolites, que nous étudierons.

Ces peintures ont un but essentiel : obtenir par des pratiques magico-religieuses des chasses abondantes indispensables à la survie des tribus.

Les grottes franco-cantabriques nombreuses, très connues et visitées, offrent un large éventail de la variété de l'art pariétal et du savoir méconnu des hommes préhistoriques. Les remarquables bisons du plafond de la grande salle d'Altamira, près de Santander, les fresques de Lascaux, en Dordogne, sont d'incontestables chefs-d'œuvre mais on ignore — ce que nous démontrerons — que toutes deux recèlent des messages extraordinaires dont celui de Lascaux, unique au monde. Aussi allons-nous traiter de celle-ci en détail. Initiatique par excellence, elle porte, résumé sur ses parois, l'essentiel des connaissances des Paléolithiques. Cette caverne préhistorique près de Montignac, à quelques heures de Paris, fut découverte par hasard pendant la dernière guerre mondiale en septembre 1940. Quatre adolescents de Montignac en promenade, voient brusquement leur chien disparaître dans un large trou. Ils descendent le chercher et aperçoivent dans la pénombre une partie des peintures. Intrigués, ils reviennent le lendemain avec des cordes, des lampes, et le spectacle des fresques s'offre à leurs yeux éblouis. Ils avertissent l'instituteur et, quelques jours plus tard, l'abbé Breuil, préhistorien de réputation mondiale. Les peintures vont sortir de l'oubli.

Il y a 17 000 ans, les secrets et messages de Lascaux.

Une des premières représentations de l'homme associé à l'OISEAU se trouve dans cette merveilleuse grotte, célèbre mondialement. Son message est si important qu'il devrait changer l'idée que l'on se fait de l'homme dit « sauvage » du paléolithique supérieur.

L'ayant nommée la « Chapelle Sixtine de la préhistoire » pour la magnificence de ses fresques, l'abbé Breuil donnait à celle-ci une antériorité proche de 20 000 ans. D'autres, d'après leur facture et l'étude au carbone 14 de quelques morceaux de charbon de bois ramassés dans la grotte, les situent 15 000 ans environ avant notre ère, en admettant que le feu ait été allumé à l'époque des fresques. Rappelons que ces dates s'intercalent dans la quatrième période de la glaciation de Würm.

Dans l'immense cavité qui se divise en plusieurs branches — la grande salle a environ 10 mètres de large sur 30 mètres de long — une foule d'animaux caractéristiques de l'époque : rhinocéros laineux, bisons, bouquetins, cerfs, vaches, aurochs aux longues cornes aiguës et chevaux sauvages bondissent, se poursuivent dans des galops effrénés. Généralement, on ne voit dans ce prodigieux ensemble que des peintures exécutées en vue de favoriser des chasses heureuses, grâce à des rites magiques surtout d'envoûtement, d'où les animaux percés de flèches.

Les grands taureaux semblent frappés à mort, ce qui ne nous paraît pas avoir été remarqué jusqu'ici (fig. 8). Pourtant, chacun porte très visible l'extrémité de l'arme qui le pénètre. Elle dépasse, fichée derrière les cornes, et ne peut être confondue avec une oreille.

Fig. 8. — *Lascaux.* Sur ce détail de fresque voisinent la fameuse baguette de visées astrales face au mufle d'un des grands taureaux porteur comme les autres de points-étoiles autour de l'œil et au-dessus six gros points qui rappellent la constellation des Pléiades.
Le taureau comme plusieurs grands animaux semble frappé à mort. La partie supérieure de l'arme dépasse très nettement derrière les cornes. Ceci relève de la magie, l'animal représenté mortellement blessé le sera infailliblement à la chasse.

Les fresques donnent une énorme impression de vie, de force, de puissance, les taureaux atteignent jusqu'à 5,50 m et les animaux gras, plantureux, à la dimension des désirs et besoins des peuplades de chasseurs pour qui la nourriture carnée constituait l'alimentation de base. Plusieurs femelles sont gravides, la prolifération des troupeaux demeurant un impératif vital.

Pour accentuer les effets, les artistes utilisaient les saillies, les concavités des parois ; le ventre de la bête prête à mettre bas épouse la convexité de la roche. Les concrétions forment des déchirures et boursouflures aux endroits percés par les flèches.

La composition, le mouvement, le réalisme des représentations animales en font des œuvres magistrales jamais surpassées jusqu'à nos temps modernes. De plus, les Paléolithiques accédaient aux symboles.

Les signes abstraits.

Passé le premier choc de stupeur et d'émotion devant le spectacle inouï qu'offre la grotte, si on regarde attentivement les peintures, on remarque l'abondance des signes abstraits.

Nous les avons examinés dans toutes les salles. Points, cercles, lignes, bâtonnets groupés ou alignés foisonnent et restent, dans l'ensemble, des énigmes.

Dès l'entrée de la grande salle, face au mufle du premier taureau, se détache, nettement dessiné, le beau signe A formé de bâtonnets diversement assemblés. B représente l'empreinte de la patte de l'outarde (fig. 9). Cette marque-empreinte représente chez les Bardes, en pays celtique, des rayons lumineux et le nom de Dieu. En Inde, elle est le signe de Shiva, dieu tout-puissant de la trinité hindouiste. Elle se voit sur le manteau des chamanes de Sibérie pour signaler leur caractère magico-religieux presque sacré, ce qui correspond aux pouvoirs du sorcier de Lascaux qui révélera plus loin son secret. On nomme aussi ces bâtonnets brindilles, ce qui est peu probable car ils se groupent trop souvent de la même manière. D'autres, des types H et I appelés végétaux, branchettes, les évoquent vraisemblablement.

Par contre, pour les signes 1, 2, 3 désignés aussi branchettes, nous ne sommes absolument pas d'accord.

Nous en étudierons l'étonnante utilité. Remarquons leur ressemblance avec l'arbalestrille, sorte de lunette astronomique.

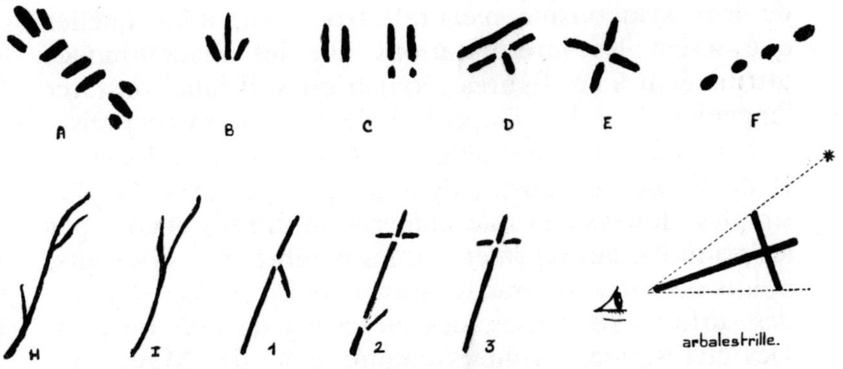

Fig. 9. — *Lascaux.* De A à E, signes abstraits.
F, rangée de points : symboles numériques ou stellaires, ils existent différemment assemblés dans toutes les grottes initiatiques.
H et I, branchettes.
Les figures 1, 2, 3 nommées aussi branchettes, propulseurs, sont les aspects plus ou moins perfectionnés des premières lunettes astronomiques ; leur ressemblance avec l'arbalestrille, ancien instrument utilisé en mer pour prendre la hauteur des astres, est frappante, elle n'avait pas encore été remarquée.

Figures géométriques et points stellaires.

Capables d'abstraction, nos ancêtres dessinaient des figures géométriques souvent compliquées dans toutes les grottes, donc à Lascaux. Nous ne traiterons que des plus frappantes, les rectangles. Trois d'entre eux, remarquables par la complexité de leurs divisions et le jeu des couleurs qui peuvent avoir un sens par elles-mêmes, se trouvent dans la nef sous les pattes d'une grande vache, peints en noir, rouge et ocre. Appelés « grilles, damiers, couvertures en peaux de bêtes, blasons », ils nous font plutôt penser à des carrés magiques symboles de secrets, de pouvoirs mystérieux.

D'autres non coloriés, différents, toujours très en vue, ne sont pas là non plus par hasard ou fantaisie. Traiter de leur symbolisme mènerait trop loin, mais quelles que soient les interprétations que les Paléolithiques attribuaient à ces figures géométriques, il faut constater l'ingéniosité et la complexité de leurs constructions [1].

Les points innombrables dans les grottes d'Espagne et de France évoquent, dans les groupements les plus simples, des systèmes de numération utilisés encore par les primitifs, qui représentent les nombres par des traits, points ou encoches tracés, gravés sur des troncs d'arbre, des surfaces rocheuses, des morceaux de bois ou d'os. Des civilisations évoluées comme celle des Mayas, inventeurs du zéro, se servaient de points, chacun comptant pour une unité jusqu'à quatre, une barre horizontale ayant la valeur de cinq unités ; au-delà les symboles se compliquent, nous n'avons pas à en parler ici.

Les points si nombreux à Lascaux, peints en noir ou ocre, groupés ou rangés en lignes, pourraient être un mode de numération.

Par contre, quand ils s'associent par centaines pour former des spirales, des bandes ondulantes qui se glissent entre les constructions géométriques, s'alignent en longues files simples ou multiples couvrant des panneaux entiers comme au Castillo en Espagne, nous pensons que plusieurs de ces figures représentent des constellations. Les hommes des cavernes, par nécessité

1. Dieu aurait même initié Adam à l'usage des carrés magiques. Plusieurs traditions, tant orientales qu'occidentales, les relient aux planètes, aux étoiles, ce qui correspond à l'esprit de la grotte.

majeure, observaient le Soleil, la Lune, les étoiles, pas seulement pour se diriger. Ils ne pouvaient manquer d'établir des rapports entre les déplacements, l'apparition de ces astres et les saisons, les périodes pléthoriques ou propres à la fécondation. Donc rien de surprenant à ce qu'ils aient reproduit leurs tracés.

Lorsque nous relevions à Lascaux des croquis de ces points, les photos étant interdites, nous constations leur ressemblance avec des constellations qui illuminent le ciel de France. C'est le cas de six gros points noirs, peints sur les parois droite et gauche de la grande salle. Ils rappellent les Pléiades avec leurs six étoiles principales (fig. 8), visibles encore de nos jours à l'œil nu et appelées autrefois la « Poule et ses poussins ».

Les groupements, autour des yeux des grands taureaux et ailleurs, évoquent la Grande et la Petite Ourse. Remarquons que ces constellations voisinent dans la voûte céleste.

Sur le côté droit du diverticule, un alignement de gros points s'apparente nettement à la longue constellation serpentiforme de l'Hydre (fig. 10), dont l'étoile Alpha s'appelait l' « Oiseau rouge » en Chine, il y a 4 000 ans. Bien que plus pâle, elle garde encore cette couleur.

Certains semblent des relevés des phases de la Lune, ce qui permettait, nous l'avons dit, d'établir des calendriers simples.

Les étoiles s'organisent si diversement dans le Ciel, qu'étudier dans les grottes leurs rapports entre les figures qu'elles inspirent et leurs représentations en points-étoiles, en tenant compte de leurs changements inéluctables au cours des millénaires, nous éloignerait par trop de notre sujet, mais les concordances sont certaines. Nous en fournissons quelques exemples ; il en existe des centaines.

Fig. 10. — A) Alignement serpentiforme des étoiles de la constellation de l'Hydre dans le ciel actuel.
B) *A Lascaux,* peint il y a 17 000 ans, un alignement de points évoque celui des étoiles de l'Hydre, d'autant qu'il faut tenir compte des déformations dues aux déplacements stellaires au cours des millénaires.

Les récents travaux du professeur et archéologue Alexander Marshack corroborent nos hypothèses. Il démontre qu'il y a environ 35 000 ans les hommes savaient noter les phases de la Lune. Ses études portent sur des plaquettes d'os, où des points creusés sous des directions et des angles de coupes différents forment des notations qui concordent irréfutablement avec des cycles lunaires. Alors pourquoi, 18 000 ans plus tard, les artistes du dernier glaciaire n'auraient-ils pas été capables de faire de même, et de dessiner des constellations ? Leur sens aigu de l'observation se manifeste constamment ; indubitablement ils étaient des astronomes.

Nous tenons à le signaler en nous étonnant qu' AUCUN RAPPROCHEMENT n'ait été fait, ENTRE LES POINTS ET LES RELEVÉS STELLAIRES.

Nous verrons d'ailleurs que des notions d'astronomie sont indispensables pour s'ouvrir la voie du Cosmos, indiquée ici par l'OISEAU vers lequel nous nous dirigeons.

Les plumes, jalons du trajet initiatique.

Contrastant avec l'agitation des forces animales déchaînées qui se déploient sur les parois, l'oiseau, tellement insolite dans cet ensemble, se manifeste cependant par les PLUMES légères et délicates qui flottent, volent au-dessus des puissants animaux, se posent sur leurs flancs. Elles conduisent là où se cache l'oiseau, aboutissement de nos recherches et symbole le plus marquant de Lascaux et de toute la préhistoire.

Le dessin net et précis des plumes permet de les identifier avec certitude, bien qu'on les appelle flèches ; drôles de flèches, dépourvues de hampe et de pointe ! C'est faire injure aux artistes de Lascaux de les confondre ; ils savaient dessiner sans équivoque possible les unes et les autres.

Les prodigieux secrets de la scène du puits et ses éléments.

Les plumes repérées et suivies, voici l'échelle de fer que l'on emprunte pour descendre dans la partie la plus initiatique de la grotte. Elle pénètre dans un puits naturel, profond de 6 à 8 mètres.

Face à une petite plate-forme, peinte en noir sur la paroi, sans autre couleur que celle de la roche d'un bel ocre jaune, figure une scène extraordinaire, interdite au public pour les dangers de son accès (hors-texte). On lui a comparé quelques rares figurations d'hommes seuls qui semblaient percés de traits ou affrontés à un bison, mais aucune n'atteint la valeur de sa composition et sa portée symbolique.

Elle représente un rhinocéros et un bison, traités dans le style puissant des magnifiques fresques. Le bison, poils dressés, tourne la tête vers, semble-t-il, l'horrible blessure d'où s'échappent ses entrailles. Lui tournant le dos, un rhinocéros se retire, la queue levée.

Entre eux se place un homme nu étendu sur le dos, raide, les bras écartés, comme mort. Chose curieuse, ses mains n'ont que quatre doigts, comme l'énigmatique personnage de la « Porte du Soleil », à l'autre bout du monde, à Tiahuanaco.

Près de lui, un étrange OISEAU se tient sur un « perchoir ».

Cet ensemble s'interprète généralement comme « un accident mortel au cours d'une chasse », mais la PRÉSENCE INSOLITE DE L'OISEAU signale qu'il faut aller au-delà de cette explication.

A notre connaissance, on n'a pas remarqué jusqu'ici la façon très différente avec laquelle l'artiste a traité les divers éléments de la scène. Pourtant DEUX FACTURES apparaissent dans la composition, afin d'aider à en saisir le VÉRITABLE SENS.

On distingue :

— D'une part, le bison et le rhinocéros (le seul de la grotte), peints en LARGES TRAITS ÉPAIS qui accentuent l'impression d'énormité, de lourdeur bien terrestre des deux animaux. Ils appartiennent au symbolisme général de la grotte, gibier plantureux à l'image de la convoitise des hommes.

— D'autre part, et en opposition, figurés en TRAITS

MINCES, LÉGERS, L'HOMME ET L'OISEAU occupent le CENTRE du tableau pour indiquer leur importance, bien que dessinés d'une façon schématique et maladroite, ce qui surprend à Lascaux, à juste titre. Cette représentation presque enfantine s'explique par la volonté de son auteur de bien séparer les deux parties de la scène.

L'homme et l'oiseau, indissociables, ont un rôle symbolique spécifique. Leur reproduction n'exigeait pas la fidélité, au contraire ; il suffisait de suggérer, par la minceur du trait des contours, leur côté aérien, léger, car il va s'agir d'ENVOL, d'immatérialité. On ne peut qu'admirer la parfaite réussite de la composition.

Pour la compréhension de ce qui va suivre, disons tout de suite que nous considérons l'homme nu comme un puissant chamane, ici en état de transe, ayant groupé près de lui, les instruments et les symboles de son immense pouvoir que nous révélerons, après l'étude des éléments qui composent cette PARTIE CENTRALE PRIMORDIALE, détentrice du vrai message de la grotte.

Points, sagaie et bizarres intestins.

Tous appartiennent au groupe central. Les six points placés sous la queue du rhinocéros s'alignent et forment trois couples, 2 + 2 + 2 ou 3 fois 2 ; notations numérique, cyclique, stellaire, relevés luni-solaires, leurs significations ne peuvent donner lieu qu'à des suppositions. Rappelons toutefois que, dans les plus anciennes traditions, ces nombres fondamentaux signifient : le 3, le Cosmos avec ses manifestations et le ternaire Ciel, Terre, monde souterrain, espaces que parcourt librement le chamane en transe.

Le 2 symbolise l'homme, la femme, la dualité et la complémentarité universelle, telles qu'exprimées dans le *Yin* et le *Yang*.

Les oiseaux messagers des dieux

Pour certains préhistoriens, la sagaie est posée sur le bison, pour d'autres elle le transperce au point que ses entrailles se vident, ce qui ne nous paraît pas assuré ; la sagaie telle qu'elle est dessinée ne causerait pas pareille éventration. Par ailleurs, elle semble brisée, car les deux tronçons, si parfaitement droits qu'on les croirait tracés à la règle, ne sont pas dans le prolongement l'un de l'autre. Or BRISÉE elle correspond à une COUTUME CHAMANISTE. Dans la tombe du chamane on plaçait près de lui ses objets personnels et rituels cassés pour éviter qu'on ne les réutilise.

On sait qu'environ 20 000 ans avant notre ère existait en Europe un culte des dieux de la SAGAIE. Instrument de jet, sa présence indique l'idée d'un BUT, d'une cible à atteindre : l'animal à tuer, et aussi un but d'une autre signification, l'aspiration religieuse et magique vers un infini où le chamane a accès, de même que l'homme du puits à qui nous l'assimilons, car il a des pouvoirs identiques.

Nous ne sommes pas persuadée que l'énorme poche sous les pattes du bison soit ses intestins, pour la raison citée plus haut (hors-texte). Il s'agit sans doute d'un signe symbolique que nous retrouvons deux fois à Lascaux, et gravé sur roches au Maroc. En Afrique du Sud, dans les abris peints de Ndedema, il se place sous le ventre d'animaux qui ne portent aucune trace de blessure.

L'homme nu sorcier-chamane et l'oiseau.

Nous venons d'écrire que nous considérons l'homme du puits comme un chamane. Précisons ce qu'est un chamane, que de nombreuses croyances font naître ou dépendre d'un oiseau.

D'après une légende, il existe un mélèze énorme,

porteur de nids où naissent les chamanes. Un AIGLE imposant aux larges ailes vient pondre un ŒUF dans l'un des nids. Il le couve pendant un an pour donner naissance à un simple chamane mais, pour celui qui est appelé à jouer un rôle important, cela dure trois ans. En Sibérie, un aigle envoyé par Dieu prend femme et, de leur union, naît le premier chamane.

Pour les Koryaks, des génies, qui apparaissent le plus souvent sous la forme d'oiseaux, choisissent celui qui sera digne de recevoir ce titre. Ailleurs, il est simplement élu par la tribu. Il n'en demeure pas moins un personnage craint et respecté en Asie méridionale, en Mongolie, Mandchourie et Sibérie. Considéré à la fois devin, prêtre, sorcier, magicien, télépathe, guérisseur, il conjure le mauvais sort, établit des contacts avec l'au-delà, entre en communication avec les esprits, les divinités. Pour y parvenir, il se soumet à des rites rigoureux afin d'entrer en extase puis en transe ; il présente alors l'apparence d'un mort, tel l'homme dessiné dans le puits. Dans cet état, LE CHAMANE SE DÉDOUBLE, et son âme quitte son corps.

Quand elle le retrouve, le chamane, enrichi des apports pris dans l'autre monde, possède tous les pouvoirs. La science actuelle ne peut les expliquer, mais les effets psychiques sur les individus, les guérisons spectaculaires sont certains.

Or que représente la partie centrale de la scène ?

Un homme nu, étendu raide, que l'on prend généralement pour un mort, mais il est bien VIVANT. Pour qu'on ne s'y trompe pas, l'artiste de LASCAUX l'a dessiné ithyphallique en PLEINE VIRILITÉ. Sa raideur cadavérique lui vient de ce qu'il est en transe. Aussi affirmons-nous, sans aucun doute possible, que l'homme du puits est un de ces sorciers de la préhistoire, qui jouissent déjà des pouvoirs des grands chamanes.

Les oiseaux messagers des dieux

Tout dans ce tableau relève du rituel chamaniste multi-millénaire.

Quant à l'OISEAU (hors-texte), comme dans la religion égyptienne, il MATÉRIALISE L'ÂME du sorcier-chamane. Ici la tête de l'homme est à l'image de l'oiseau.

Autre symbole de l'oiseau, celui du lien perpétuel entre le Ciel et la Terre, entre l'homme, son âme, la divinité et les forces universelles.

Les Paléolithiques, ces prétendues « brutes », accédaient à l'un des plus hauts symboles de l'humanité.

Enfin, finement dessinées, ce qui indique qu'elles sont indissociables du tout central, deux baguettes dont l'une supporte l'oiseau méritent notre attention.

Le secret du bâton dit « perchoir » et « propulseur ».

Le bâton (hors-texte) sur lequel se pose l'oiseau ne représente ni l'un ni l'autre. On croit qu'il comporte un crochet ou fourche, d'où le nom de propulseur. Ce que l'on prend pour un crochet est un signe abstrait fréquent dans les fresques, il ne touche même pas le bâton. Celui-ci se rattache à plusieurs symboles, axe du monde en Inde et en Chine, bâton de vie chez les Egyptiens, baguette magique des fées, sorciers et magiciens depuis les temps les plus reculés ; marque de commandement des chefs de tribus, il devient sceptre pour les rois et les empereurs, bâton de maréchal, haut grade des armées modernes.

Pour le chamane, la longue perche, placée au centre de sa tente et dépassant au-dehors, lui indique le chemin à suivre par son âme en direction de l'étoile polaire, dont l'apparente fixité, remarquée par tous les peuples, en fait le pivot céleste, le « nombril du monde », autour duquel tournent les astres. A la mort du chamane, on plante sur sa tombe vers les points cardinaux quatre perches surmontées d'oiseaux censés emporter son âme.

Ici le BÂTON PORTEUR DE L'ÂME-OISEAU de l'officiant, en état de dédoublement, recouvre ces symboles et rejoint ceux de l'arbre de vie, des tours, colonnes, échelles et pieux qui se dressent pour relier le Ciel à la Terre. Mieux, il est l'OUTIL INDISPENSABLE AU DÉDOUBLEMENT COSMIQUE. Ce secret, connu des seuls Grands Initiés, aussi incroyable que cela paraisse, l'homme nu de Lascaux le possédait. Cela prouvé par le bâton d'apparence banale qui dissimule le moyen de s'ouvrir les voies du Cosmos, car il est CREUX et représente la PREMIÈRE FORME DE LUNETTE ASTRONOMIQUE.

Dans l'Antiquité, on utilisait une tige creuse pour fixer un point du Ciel. Ensuite, elle se couvrit d'encoches, de traits, devint un tube gradué auquel on ajouta des repères coulissants, obtenant ainsi une lunette assez parfaite comme au temps d'Alexandrie.

L'homme du puits disposait des pouvoirs d'un grand chamane et se servait du bâton creux pour viser l'étoile qui lui permettait, ce que nous expliquerons, le dédoublement supérieur. A ses pieds, l'objet appelé « branchette » ou « propulseur », fréquent dans les grottes, ce qui montre son importance, n'a rien à voir avec ces dénominations faciles.

La « branchette », autre instrument de visées cosmiques.

Il ne s'agit pas d'une branchette, mais d'un bâton mince, plutôt une baguette bien droite, qui en porte une plus petite, sans doute coulissante (hors-texte). Modèle perfectionné du bâton creux, elle permet de mieux repérer une étoile et son emplacement par rapport aux angles formés par le croisement des deux baguettes.

Les oiseaux messagers des dieux

Les Mayas se servaient de bâtons croisés du même type pour fixer planètes et étoiles ; on connaît la précision de leurs observations. Cet instrument très simple ressemble aussi à un ARBALESTRILLE (fig. 9) appelé verge d'or, rayon astronomique, bâton de Jacob et quart de nonante. Il s'utilisait particulièrement en mer pour mesurer les hauteurs et les distances du Soleil, de la Lune et des étoiles. Cette « BRANCHETTE », SECONDE LUNETTE genre arbalestrille, fait donc partie du matériel qu'employait l'homme du puits pour réussir son dédoublement. Elle complète les données fournies par le bâton creux, que surmonte l'oiseau symbole d'ascension ; car il s'agit bien d'ascension.

Le symbole de l'oiseau et le dédoublement supérieur, source d'éternelle jeunesse.

Que faut-il entendre par l'expression DÉDOUBLEMENT SUPÉRIEUR ?

Nous l'employons pour éviter toute confusion avec le dédoublement simple, traité dans de nombreux ouvrages et qui s'effectue par l'expérimentateur sur notre planète, depuis le moment où il se sépare de son corps sans sortir de sa chambre, jusqu'aux voyages sur les divers continents pour lesquels il n'est besoin d'aucun matériel. La prudence et la sécurité exigent uniquement le déplacement par étages et plans successifs, avec toujours en vue les régions dont on connaît la carte.

Or au niveau supérieur, il ne s'agit plus de voyages terrestres mais galactiques, dans les espaces cosmiques, où la petite Terre reste invisible.

L'expérience ne doit se tenter qu'après une longue pratique du dédoublement simple car, dangereuse, elle comporte des risques. Mais si l'expérimentateur souffre d'un mal incurable, si ses jours sont comptés, il reviendra de son voyage hors de notre univers si plein des forces qu'il y aura puisées, qu'au moment où il réintégrera son corps physique, celui-ci se trouvera immédiatement guéri.

S'il veut céder une partie de son énorme vitalité pour sauver un mourant, il lui suffit de le toucher. Les effets tiennent du miracle, cela justifie bien des cas de guérisons, auxquels la science ne peut donner aucune explication.

Des voyages répétés conservent le corps dans un tel état de parfaite santé, de dynamisme, qu'en dehors d'un accident mortel ainsi qu'il en arrive en voiture, il devient presque indestructible.

Précisons que la faculté de SE DÉDOUBLER est UN DON analogue à celui du guérisseur, du voyant. Il ne suffit donc pas de posséder la technique pour réussir l'expérience.

La possibilité d'acquérir cette étonnante force vitale s'explique du fait qu'on oublie trop souvent que les hommes sont des êtres cosmiques dont l'âme, principe spirituel immatériel, ne peut que se renforcer par ce retour vers la source d'où elle provient. Platon écrivait : « Quand l'âme a perdu ses ailes, elle est entraînée jusqu'à ce qu'elle se saisisse de quelque chose de solide », c'est-à-dire un corps où elle se réincarne.

Lorsque, adolescente, angoissée par la thèse matérialiste, nous nous posions la question de savoir si l'âme existe et survit après la mort, nous nous donnions une explication simple, qui éclaire ici notre sujet. Nous considérions le corps comme une boîte, une forme qui emprisonne l'âme, au même titre que les postes de radio et de télévision captent les ondes pour lesquelles ils sont conditionnés, programmés. S'ils ne fonctionnent plus ou se brisent, les ondes hertziennes cessent de se manifester par leur entremise, mais demeurent partout présentes. Il a fallu attendre le XXe siècle, pour que chacun ait conscience de leur existence.

Le corps joue le rôle du poste récepteur. Usé, détruit, l'âme-onde qui l'habitait prend son « vol » vers l'infini et l'abandonne comme une défroque, une peau (conception égyptienne) devenue inutile.

C'est cet envol de l'âme, vers l'étoile et le Cosmos que symbolise l'oiseau sur le bâton-lunette.

L'expérience fabuleuse.

Prendre des précautions au sujet du lieu. Il se situera assez loin des agglomérations, dans le calme et le silence, sur un terrain, un jardin, une terrasse où l'on ne risque pas d'être dérangé.

L'opération comporte des risques, oui, mais pour les habitués du dédoublement, elle ne demande qu'une parfaite maîtrise de ce phénomène.

Au moment de projeter l'âme au-delà de notre système solaire, il faut réaliser pleinement ce que cela représente. Le danger consiste à ce qu'elle s'égare dans l'immensité cosmique sans espoir de retrouver son corps. De grands chamanes et sages qui aboutissent à ce degré de dédoublement profitent parfois de ce moyen pour mourir sans douleur, en se perdant volontairement.

Comment éviter de s'égarer ?

En utilisant un bâton creux de visées, pareil à celui peint dans le puits de Lascaux. Cela paraît si simple qu'on hésite à le croire.

A notre époque, l'usage courant de lunettes astronomiques peu coûteuses permet leur emploi pour plus de précision, mais le bâton remplissait le même office.

Le prodigieux voyage : préparation et départ.

En espérant que notre vieil ami de Mongolie aura connaissance de ce livre et apprendra ainsi combien notre corps fragile a besoin de son aide, nous révélons, tel qu'il nous l'a transmis, l'unique moyen d'accéder au dédoublement supérieur et obtenir une quasi-IMMORTALITÉ.

Quelques jours avant la date fixée pour la projection de l'âme, en possession de la lunette, par une belle nuit claire, choisir une étoile à la VERTICALE DU LIEU où l'on se trouve. La situer au milieu de celles qui l'entourent afin de la reconnaître aisément, surtout si l'on possède peu de notions d'astronomie.

La veille de l'expérience, installer solidement, à environ un mètre l'un de l'autre, deux piquets reliés par deux cordelettes croisées plusieurs fois et très tendues.

Placer la lunette entre les deux cordes, de façon que, maintenue à une trentaine de centimètres du sol, la tête puisse se glisser au-dessous.

Allongé, l'œil à l'oculaire, repérer très exactement l'étoile choisie au zénith et la considérer comme sienne. Relever à une seconde près — la précision est un facteur de réussite — l'heure de son apparition dans l'objectif. Bien observer son passage et se retirer, en laissant chaque chose à sa place jusqu'au lendemain.

Le moment de l'expérience venu, effectuer le dédoublement quelques minutes avant le passage de l'étoile. Dès qu'elle affleure le bord de l'objectif, le double ou âme qui cette fois fait la visée se dresse immédiatement au-dessus de la lunette, dans son AXE VERTICAL.

Fixant l'étoile, il déclenche par la pensée sa projection vers elle. Le double éprouve une impression de terrible allongement accompagné d'une clarté éblouissante. Il faut alors stopper net. Il suffit de le vouloir, car le double flotte déjà à des milliards de kilomètres de notre planète, essayer de rejoindre l'étoile serait se perdre pour toujours.

Précisons que le danger réside dans l'INSTANTANÉITÉ du déplacement astral.

L'âme arrêtée dans sa course baigne dans l'infini du Cosmos, elle y puise le temps voulu l'énorme vitalité dont nous avons parlé.

Il est essentiel de ne pas bouger de la POSITION AXIALE.

Voilà suivi, ce chemin des étoiles entre le Ciel et la Terre, axe du monde maintes fois indiqué par l'oiseau.

Le retour.

Au retour, ainsi que pour l'aller, abolir toute appréhension ; les consignes respectées, il se fera instantanément. Pour cela, fixer son étoile et se projeter répulsivement par rapport à elle, tel que lors du dédoublement simple pour quitter le sol. Ici, le phénomène s'exerce en sens inverse, et le double ressent une impression de rétraction, de chute à une vitesse fantastique.

Rester maître de soi, car au moment où la sensation de chute se transforme en lumière, il faut stopper la projection. Le double, cette fois, flotte au-dessus de son point de départ, puisqu'il n'a pas quitté son axe vertical. S'il dévie légèrement, peu importe ; de retour vers la Terre, chez lui, il retrouve sans peine son corps. Dès qu'il le réintègre, la vitalité prise au sein de l'Univers donne à ce corps une telle vigueur que, nous le répétons, il devient pratiquement immortel pour le temps désiré.

Est-ce le secret que possédaient les patriarches, les

grands Initiés qui ressuscitaient même les morts et ceux qui, comme le comte de Saint-Germain, plusieurs fois centenaire, vivraient encore ?

Actuellement, les savants des grandes nations recherchent activement le moyen de réussir même le simple dédoublement et les voyages dans l'invisible. Inutile d'en souligner l'importance, ne serait-ce que pour les services d'espionnage.

Revenons à Lascaux. Ceux qui en firent le plus beau des sanctuaires initiatiques n'ignoraient pas les forces qui y régnaient. L'étrange scène ne se dissimule pas sans raison au fond d'un puits, véritable faille d'accès difficile. Assurément, quand le sorcier officiait, l'eau y coulait, source ou ruisseau. Elle y coule peut-être encore sous les éboulis actuels.

Tout s'éclaire dans ce tableau insolite, situé au point où les radiations et les courants telluriques sont les plus forts, chaque chose prend sa place et sa valeur, OUTILS ET SYMBOLES CONFIRMENT NOTRE HYPOTHÈSE.

L'homme nu et son oiseau, sorcier ou chamane, qu'importe le nom qu'on lui donne, était un Initié digne des plus grands, de même sans doute que ceux représentés à Altamira et dans les autres grottes à peintures.

Nous espérons avoir réuni assez de preuves pour démontrer que nos lointains prédécesseurs n'étaient pas seulement des graveurs et des peintres de talent, mais qu'ils accédaient aux symboles, possédaient des notions d'arithmétique, de géométrie, d'astronomie et parvenaient à un niveau scientifique élevé, très différent de celui du XXe siècle, non moins valable, le surpassant même dans le domaine métapsychique.

Lascaux, le chef-d'œuvre de l'art pariétal, fut fermé au public en 1963. Malgré les aménagements de la grotte, les merveilleuses fresques tirées de l'oubli et de leur profonde nuit, soumises en été à la visite de milliers de personnes, se détérioraient gravement. On décida que les lourdes portes de bronze qui fermaient la grotte ne s'ouvriraient plus aux profanes ; elle retournerait aux ténèbres dans toute sa beauté.

Heureusement pour ceux qui n'ont pu l'admirer, elle va ressusciter. Des travaux actuellement en cours préparent une autre grotte, creusée dans la colline à 300 mètres environ de la première, reproduction fidèle et rigoureuse de l'originale. Les moyens les plus modernes, les plus perfectionnés permettront d'obtenir ce résultat.

Souhaitons qu'un arrangement possible et adéquat rende accessible à tous, et non à quelques privilégiés, la SCÈNE UNIQUE DU PUITS, révélatrice des connaissances prodigieuses des hommes du paléolithique, et du secret le plus extraordinaire de tous les temps, celui de l'immortalité.

8

ÉTONNANTE DÉCOUVERTE SUR UN BUREAU

Au moment de ranger nos fiches et documents sur les secrets de la préhistoire, plusieurs plans de grotte à peintures s'étalent sur notre bureau. Machinalement, notre regard se porte sur l'un d'eux, celui de la plus belle des grottes avec Lascaux : Altamira, et, brusquement, ce n'est pas un tracé géographique que nous voyons, mais un dragon, crachant le feu (fig. 11).

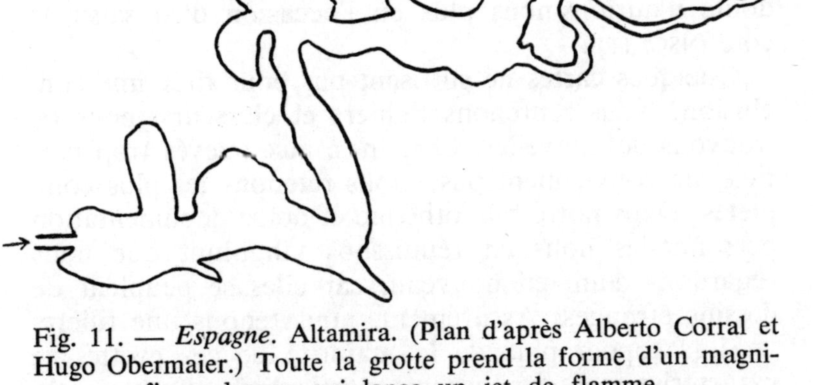

Fig. 11. — *Espagne*. Altamira. (Plan d'après Alberto Corral et Hugo Obermaier.) Toute la grotte prend la forme d'un magnifique dragon qui lance un jet de flamme.

A côté, la carte de Font-de-Gaume en Dordogne, dressée par le Dr Capitan, représente un animal fabuleux au long museau. Les dessins si nets, si évocateurs, s'imposent avec une telle force que nous n'en croyons pas nos yeux.

Plans insolites.

Nous les réunissons hâtivement et les retournons dans tous les sens. Les chercheurs connaissent bien ce moment d'émotion, cet éveil quand « on brûle », au bord de la trouvaille.

A notre grande surprise, les RELEVÉS TOPOGRAPHIQUES que nous possédons REPRÉSENTENT TOUT UN MONDE : des arbres, des animaux réels ou fantastiques, des personnages.

Sur notre table de travail, une dizaine de plans, placés là AU HASARD, offrent subitement une vision bien différente d'une froide cartographie. Si FORTUITEMENT, nos yeux ne s'étaient pas portés sur eux au moment de leur mise en ordre dans leurs dossiers respectifs, sans doute n'aurions-nous plus eu l'occasion d'en saisir le côté INSOLITE.

Quelques cartes ne suffisent pas pour tirer une conclusion. Nous reprenons fichiers et classeurs, nous en trouvons de nouvelles. Certaines, aux relevés trop partiels, ne conviennent pas ; nous retenons les plus complètes. Dans notre bibliothèque et notre documentation personnelles nous en réunissons vingt-huit que nous regardons d'un œil nouveau, car elles se peuplent de dessins étranges. Assurément, nous tenons une filière.

Si la topographie de la majorité de ces grottes se caractérise par des aspects particuliers, Lascaux, la perle de la préhistoire, doit nous fournir la preuve formelle de ce que nous commençons à soupçonner. Elle ne peut déroger à ce qui semble être une règle générale.

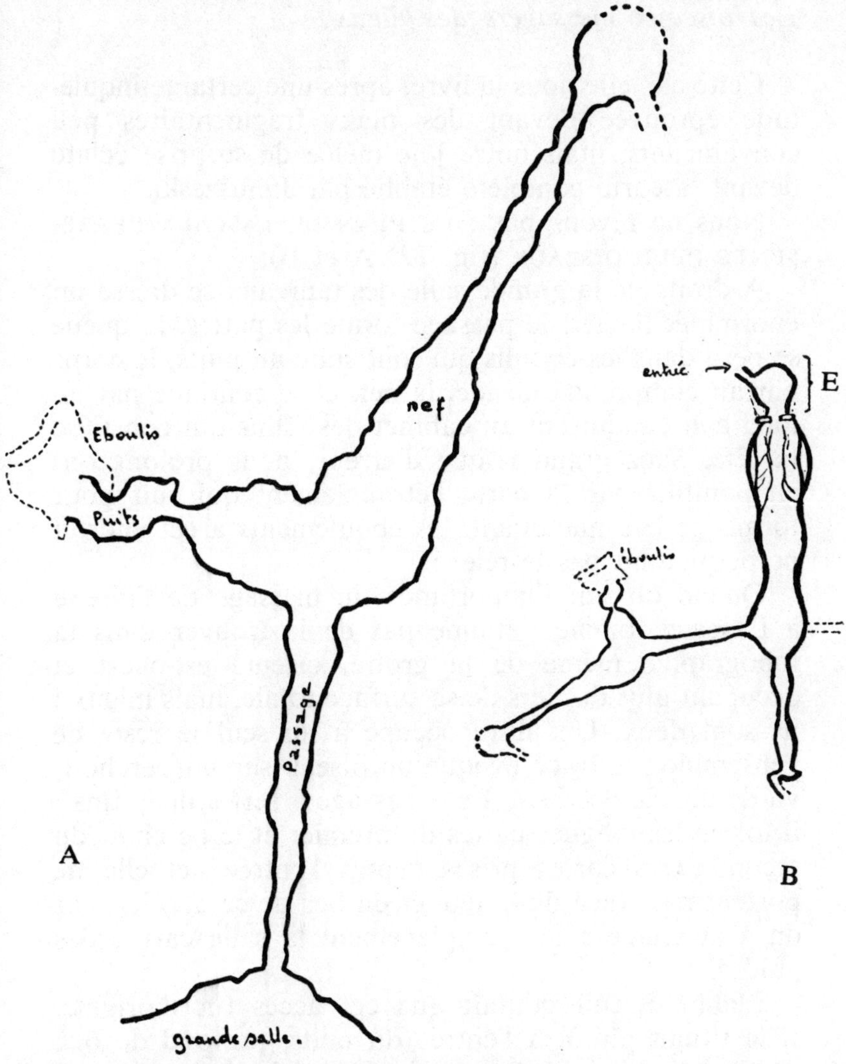

Fig. 12. — *Lascaux* sous le signe des oiseaux.
A) D'après le plan de Januszeski (*Lascaux*, éd. Skira) énorme échassier dont la tête et une partie de la queue indiquées en pointillés se perdent dans les éboulis.
B) Plan complet de la grotte avec un second oiseau vu de dos sur son perchoir. L'aménagement de l'entrée en E, a détruit la forme de la tête.

Cette clé, elle nous la livre, après une certaine inquiétude éprouvée devant des plans fragmentaires peu convaincants, mais notre joie mêlée de surprise éclate devant la carte complète établie par Januszeski.

Nous ne rêvons pas : LE PLAN DE LASCAUX REPRÉSENTE DEUX OISEAUX (fig. 12, A et B).

A droite de la grande salle des taureaux se dresse un énorme échassier, le passage forme les pattes, la queue se perd dans les éboulis qui font suite au puits, le corps parfait comprend l'abside, la nef, et se continue par un long cou conduisant au cabinet des félins qui constitue la tête. Sans grand risque d'erreur, nous prolongeons en pointillé sur la carte l'étranglement qui suit pour former le bec manquant, les éboulements à cet endroit ne permettant pas le relevé.

Quand on sait l'importance du message de l'oiseau à Lascaux, on ne s'étonne pas de le trouver dans la topographie même de la grotte, orienté est-ouest et occupant plus du tiers de sa surface totale, mais mieux : ils sont deux. Un autre occupe à lui seul le reste de l'ensemble ; le tracé évoque un oiseau sur un perchoir, vu de dos, le bec levé. Le « passage » sert à deux fins : il forme les longues pattes du premier et le perchoir du second. Des cartes prises depuis l'entrée actuelle ne portent pas trace de la tête et du bec de ce dernier, car on a aménagé à leur emplacement la salle carrée des guides.

L'abbé Breuil doutait que cet accès fût d'origine. Il le situait plutôt à l'entrée du puits, profond de 6 à 8 mètres, ce qui confirmerait combien la grotte, par cet abord difficile, était secrète et initiatique.

Nous précisons que là où un œil et les yeux indiqués par des détails du relief se trouvent en bonne place sur un animal, cela ne tient pas à un rajout de notre part. Nous reproduisons les plans choisis le plus fidèlement possible, par calques ou photocopies et avec le nom du cartographe, quand nous le possédons.

Sorciers et bestiaire cartographique.

La petite grotte de COMMARQUE, près des Eyzies-de-Tayac, en Dordogne, dessine dans sa totalité un long serpent, gueule ouverte.

PECH-MERLE, près de Cabrerets dans le Lot, s'étend sur près de 3 km. L'ensemble reproduit sur la carte une sorte d'oiseau et un personnage de profil.

Considérons les grottes pyrénéennes du nord au sud.

MONTESPAN, en Haute-Garonne, a deux entrées. En suivant le plan à partir de Montespan vers la sortie de Gantiès, un serpent précède un animal filiforme à longue queue. Suit, en retournant la carte, un personnage cornu debout ou une bête étendue, puis un dragon sur la gueule duquel une silhouette humaine pose un pied. Un second serpent ondoie jusqu'à la deuxième entrée, et se concrétise en prenant la même tête que celle de la silhouette. La grotte d'une longueur de 2,5 km reste interdite au public en raison des dangers qu'elle présente (plan Trombe et Dubuc).

A GARGAS, dans les Hautes-Pyrénées, on accède dans la cavité par les gueules des deux dragons qui ouvrent les entrées à chacune de ses extrémités. Entre eux, la grande salle ressemble à un taureau couché sur le ventre, pattes repliées (plan L. Michaut).

Des oiseaux sont gravés sur les parois, ainsi que cent vingt mains, peintes en négatif.

AUX TROIS-FRÈRES OU TUC D'AUDOUBERT, en Ariège, un animal s'étire, lance des flammes, un autre bondit, un dragon s'allonge jusqu'à une des voies d'accès ; il y en a cinq ou six dans cette immense caverne.

L'échelle réduite du plan de Begouën et H. Breuil ne livre qu'une faible partie des représentations.

A NIAUX (Ariège), aux vastes salles ornées, on pénètre entre les mâchoires d'un animal bondissant. Nous ne retenons pas le dragon visible sur le plan d'ensemble, mais dont la forme se perd sur les relevés partiels. Par contre, un autre apparaît parfaitement à 500 mètres de l'entrée. Il semble surplombé par un personnage au long manteau, qui lui couvre les pieds (d'après le plan du commandant Mollard).

Les cartes des grottes les plus célèbres d'Espagne nous réservaient la même surprise que celle d'Altamira. Le mont Castillo, dans la région de Santander, percé de nombreuses cavités riches en peintures, nous plaçait à nouveau devant un véritable bestiaire mêlé à des figures humaines.

On distingue LA PASIEGA avec ses quatre entrées, son réseau compliqué où un long animal aux cornes fines se situe au-dessus d'un sorcier affublé d'une peau mouchetée. Une bête fabuleuse couvre presque toute la grotte. Un plan à grande échelle du relevé officiel révélerait de nouvelles figures.

LA CULLALVERA (fig. 13) évoque un homme-oiseau au long bec, dont nous avons montré l'importance ; suivent un animal aux grandes oreilles étendu sur le ventre, pattes repliées sous lui, et un autre, non identifiable.

EL CASTILLO (fig. 14), qui renferme tant de signes secrets, voisine avec La Pasiega et prend l'aspect d'un sorcier vu de dos, étendu sur le côté, jambes repliées, entièrement recouvert jusque par-dessus la tête d'une peau de bête ; seul dépasse le bras droit nu, levé.

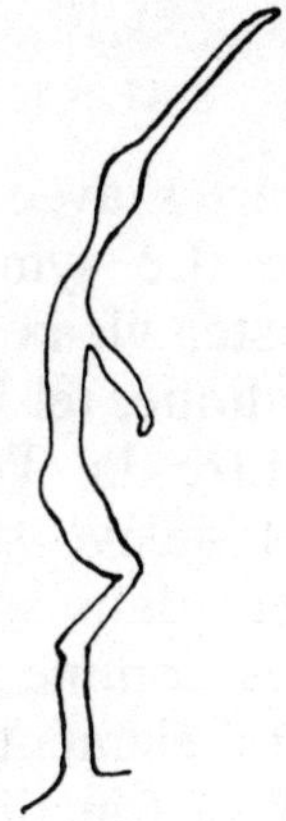

13

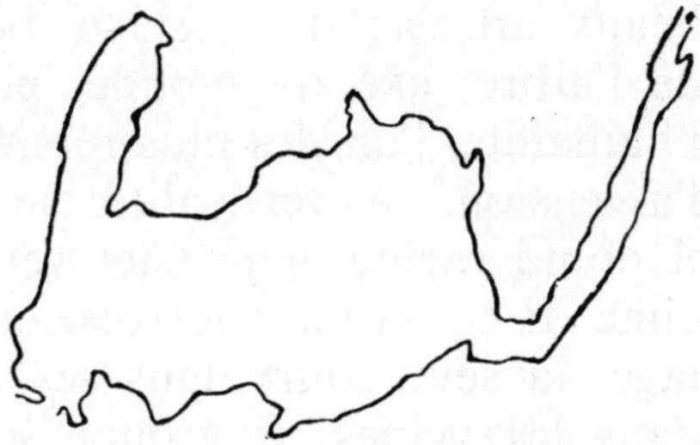

14

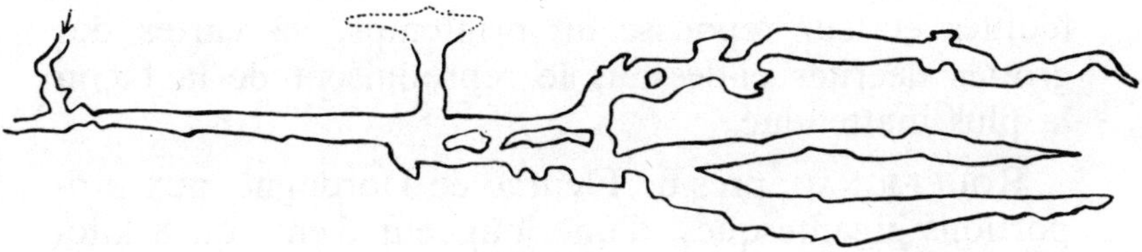

15

PLANS ÉNIGMATIQUES

Fig. 13. — *Espagne*. Une grande partie de la Cullalvera évoque un homme-oiseau au long bec.

Fig. 14. — *Espagne*. El Castillo d'après le relevé officiel des grottes du mont Castillo. L'ensemble suggère un sorcier vu de dos, étendu sur le côté droit, le bras nu levé, et entièrement recouvert d'une peau de bête (ici à queue touffue), costume rituel des sorciers, maîtres des grottes initiatiques ; on les retrouve dans la topographie de nombreuses salles en diverses attitudes.

Fig. 15. — *Ariège*. Grotte du Portel (d'après L. Jammes). Elle présente à la fois : horizontalement l'aspect d'un dragon, verticalement celui d'un arbre, tous deux symboles universels d'élévation et lien Terre-Ciel, comme l'oiseau.

Plans et arbres de vie.

Nous ne signalons ici que deux cartes avec de très beaux arbres ; il en existe beaucoup. Le symbolisme de l'arbre, axe du monde, pieu céleste, vieux comme l'humanité, l'un des plus répandus, indique, tel l'oiseau, l'ascension, la verticalité, le lien entre la Terre où il prend racine et le Ciel vers lequel s'élève sa haute cime. Il est la vie : les oiseaux nichent dans son feuillage, la sève court dans ses branches comme le sang dans les veines. Il groupe les quatre éléments, l'eau et la terre dont il se nourrit, l'air par sa fonction chlorophyllienne, le feu qui naît par frottement de branchettes et qu'il alimente de son bois. Symbole de continuelle régénérescence par la chute annuelle de ses feuilles et leur repousse au printemps, les cartes des grottes décrites ci-dessous le reproduisent de la façon la plus inattendue.

ROUFFIGNAC, près de Fleurac en Dordogne, aux proportions gigantesques, d'une longueur d'environ 8 kilomètres, fournit un bon modèle de deux arbres avec leurs ramures. Une branche latérale porte un dragon dans le style qui paraît habituel (plan Nouggier et R. Robert).

LE PORTEL, situé à Loubens en Ariège, offre, d'après le plan de L. Jammes, un des plus beaux spécimens de cavité en forme d'arbre (fig. 15). Les racines partent de l'entrée actuelle, la galerie principale forme le tronc et les trois couloirs parallèles, les branches.

Au XVIIe siècle, l'arbre devient une constellation dessinée par Halley, en mémoire du « chêne de Charles II » sur lequel se cacha le roi d'Angleterre après sa défaite de Worcester. Le souvenir s'en perdit et, avec lui, ce nom de la constellation par trop localisée. Elle appartient actuellement à celle du Navire, ce qui démontre à nouveau les jeux de l'imagination et la variabilité des dénominations selon les événements et les époques.

Rappelons le symbolisme sexuel et de fécondité de l'arbre qui se manifeste ici, avec ses branches écartées où pénètre la branche centrale faisant suite au tronc. Si l'on regarde horizontalement, un dragon couvre toute la surface de la grotte, le corps étendu, les pattes avant étalées. La gueule lance un long jet de flamme, parallèlement aux pattes.

Ces exemples permettent de noter la présence continue de personnages-sorciers, mêlés au bestiaire cartographique. Nous en fournissons les raisons.

Hasard et « fantaisie de la nature ».

On ne peut nier le caractère insolite des plans de ces grottes sanctuaires. Cependant, on ne manquera pas de nous rétorquer que ce sont des curiosités de la nature.

Assurément tout le monde connaît les effets atmosphériques et mécaniques de l'eau, du gel, des vents, du sable, de l'érosion en général, sur les roches qu'ils sculptent plus ou moins profondément, tant au bord de la mer que sur les hautes montagnes.

Les escaliers de géants, les paysages étranges, les têtes humaines ou animales, œuvres des éléments, fourmillent sur toute la Terre.

Les grottes et cavernes creusées par les glaciers, les infiltrations, les torrents et divers agents de l'érosion peuvent prendre évidemment des formes curieuses, sans que l'homme joue un rôle quelconque dans leur aspect. Ce serait exact à propos de notre sujet si cela se produisait deux, trois, quatre fois. Nous ne fournissons que quelques exemples, mais nos remarques s'appuient sur l'étude d'une centaine de cartes géographiques. Il n'est donc pas question de rares grottes où le hasard, les fantaisies de la nature se donnèrent libre cours.

D'ailleurs là où la main de l'homme a œuvré, retouché la nature, il est exceptionnel que l'on ne reconnaisse pas son travail. Un exemple entre mille : aux Etats-Unis, dans le vaste bassin du Mississippi et la région des Grands Lacs, un nombre considérable de *mounds,* tertres ou tumulus, construits par les Indiens *Mounds Builders,* les « Bâtisseurs de tertres », atteignent des longueurs gigantesques et affectent les formes les plus variées, depuis les signes abstraits où de gros rochers jouent le rôle de points, jusqu'aux multiples figures humaines et animales, poissons, reptiles, mammifères, oiseaux aux ailes déployées de 10 à 150 mètres d'envergure. Dans le Wisconsin, de part et d'autre de la rivière du même nom, six de ces oiseaux mesurent de 70 à 86 mètres.

Sur une colline en demi-cercle, dans l'Ohio, à la jonction de deux ruisseaux (toujours la présence de l'eau) ondule le SERPENT MOUND de 440 mètres, le plus long d'Amérique. Il tient dans sa gueule un œuf de 50 mètres, que l'on considère comme le symbole de L'ŒUF DE LA CRÉATION. Sa queue se termine par une spirale à signification cosmique. Nous nous trouvons devant des CONSTRUCTIONS PRÉHISTORIQUES exécutées à l'air libre ; rien n'exclut la possibilité à une époque voisine de travaux souterrains aussi importants.

Est-ce la nature, ce grand maître, qui façonna le magnifique dragon du plan d'Altamira, les animaux, les sorciers, les deux oiseaux de Lascaux qui renforcent si extraordinairement le message transmis par l'oiseau du puits ? Certainement pas, de telles coïncidences ne peuvent être fortuites, d'autant qu'elles se renouvellent dans presque toutes les cavernes initiatiques. Indubitablement l'homme aida la nature.

Le rôle des hommes préhistoriques.

Voyons les motivations qui incitèrent les Paléolithiques à transformer les espaces naturels des salles et galeries.

Tout d'abord n'oublions pas que la plupart des GROTTES à peintures sont des SANCTUAIRES INITIATIQUES. A ce titre, elles répondent à des connaissances, des exigences et des rites magiques. Cette indication précieuse rappelle que les lieux sacrés, où règnent les courants bénéfiques, déterminent la construction des temples et des monuments, leur orientation, leur aspect, selon les normes dictées par les convictions religieuses. Le plan des églises primitives s'éloigne peu des édifices païens, l'atrium devient le parvis, le narthex le porche, l'hémicycle l'abside et les galeries latérales le triforium. Quant à l'autel, il se dresse généralement devant l'abside avec, au-dessous de lui, la crypte bâtie en souvenir des catacombes et des premiers chrétiens.

Quoi d'étonnant à ce que nos lointains ancêtres aient fait de même, en modifiant l'aspect primitif des cavités, afin que les sanctuaires prennent tout leur sens par rapport à leurs croyances.

Avec les dizaines de plans étudiés, nous remarquions les nombreux animaux, mythiques ou non. Les bêtes fantastiques sont des projections à valeur totémique et stellaire, liées aux cultes, tel le serpent dont les symboles cosmique et terrestre s'apparentent à celui de l'oiseau. La fréquence du DRAGON, qui se rencontre jusqu'à trois ou quatre fois dans une même grotte, s'explique par sa SYMBOLIQUE UNIVERSELLE. Il se couche dans les antres souterrains à l'équinoxe d'automne, mais en sort pour planer, voler, à l'équinoxe de printemps. Il transporte les héros immortels comme Fou-Hi. Il est producteur du breuvage d'immortalité, le *soma*. Il crache du feu, ce qui le rattache à la foudre, au tonnerre, aux orages, à la pluie bienfaisante nécessaire à la germination.

Nous avons vu l'homme donnant libre cours à son imagination pour trouver dans le Ciel étoilé des ressemblances en accord avec ses intérêts familiers, religieux ou scientifiques. La constellation du Dragon porte ce nom depuis des millénaires. Ses étoiles disséminées irrégulièrement en évoquent la forme. Nos ancêtres les remarquèrent, elles leur inspirèrent ce dessin qu'ils reproduisirent si souvent comme une projection stellaire, en corrigeant, pour l'obtenir, l'aspect naturel de leurs sanctuaires. Ainsi LE CIEL ÉTAIT DANS LA GROTTE.

Lors des cérémonies, spectateurs et officiants baignaient dans l'atmosphère magique, sous l'égide des sorciers-chamanes dont nous savons l'importance, ce qui justifie normalement qu'ils figurent dans la topographie des lieux dont ils sont les maîtres. Très visible sur les plans de Montespan, Niaux, La Pasiega, El Castillo, le sorcier revêt une peau de bête, ou plusieurs réunies pour former un manteau, sans doute selon un déguisement rituel, encore de mise dans de nombreuses tribus sur tous les continents.

Ainsi se justifient les retouches et aménagements effectués par les Paléolithiques à l'intérieur des grottes-sanctuaires, pour leur donner une forme spéciale, selon leurs destinations cultuelles et initiatiques.

Le but essentiel était de renforcer, par la représentation matérielle du symbole, l'atmosphère magique des lieux, et canaliser l'action des forces fluidiques qui y régnaient. Lascaux et Altamira sont des plus significatives dans leur simplicité. Au bestiaire pariétal s'ajoutait le bestiaire topographique, avec ses projections magiques et stellaires.

Suggestions aux chercheurs d'insolite.

Nous nous excusons auprès des lecteurs à qui la description cartographique, bien que sommaire, des quatorze grottes prises en exemples, semblerait fastidieuse. Mais leur particularité n'a jamais été signalée par les préhistoriens. Nous ne sommes pas une spécialiste, il faut donc étayer nos preuves, il n'est pas possible de le faire plus succinctement.

Etudier à fond notre découverte nécessiterait des livres. Dans ce seul chapitre, nous nous contentons de la signaler. Nous laissons aux chercheurs d'insolite le plaisir de poursuivre notre trouvaille.

La France, si riche en grottes préhistoriques, favorise et facilite grandement cette quête, mise à la portée de tous. Leur visite s'impose. Avec leurs modelages, gravures et peintures répartis dans leurs salles immenses, leurs galeries et boyaux tortueux, elles ne risquent pas de décevoir.

Grâce aux plans dressés par les cartographes, les incroyables dessins topographiques s'offrirent à nous, mais des centaines de plans restent à consulter. Nous n'avons retenu que les plus significatifs en notre possession. Dans le monde, beaucoup de cavernes initiatiques attendent dans l'ombre qu'on effectue leurs relevés.

Merveilleuse préhistoire si mal connue, aux voies grandes ouvertes à la recherche, si cette nouvelle piste contribue à en éclairer les côtés insolites, nous aurons atteint l'un de nos buts [1].

1. Nous serions très reconnaissante à nos lecteurs, de bien vouloir nous faire part de leurs trouvailles tant dans ce domaine que pour tout ce qui touche les sites, les objets étranges, l'*insolite*. Ecrire : Ch. Dequerlor, B. P. 4, 06290 Saint-Jean-Cap-Ferrat, France.

9

LA RÉVOLUTION DU NÉOLITHIQUE

Sens de cette révolution.

Au néolithique ou âge de la « pierre polie », favorisés par un climat considérablement adouci, les chasseurs de la fin du paléolithique qui erraient sans cesse à la poursuite du gibier, ou à la recherche de fruits sauvages à cueillir se stabilisent. Le petit gibier, lapins, lièvres, oiseaux, abonde sur place. Les lacs, fleuves et rivières libérés de leur gangue de glace s'ouvrent à la pêche, aux échanges, et un véritable commerce s'effectue sur des radeaux, des troncs d'arbres évidés en forme de pirogue.

Les hommes se groupent, se fixent, deviennent sédentaires, cultivateurs et éleveurs. C'est ce que l'on appelle la révolution du néolithique.

Les villages et les villes se créent plus ou moins rapidement sur les continents, comme nous l'avons vu à propos des datations, suivant un processus, toujours le même.

L'évolution s'échelonne de 8 000 à 5 000 avant J.-C. en Afrique, au Moyen et Proche-Orient et particulièrement dans cette région si riche, comprise entre le Tigre et l'Euphrate appelée le « croissant fertile ». Elle s'étend en Europe, en Inde dans la vallée de l'Indus vers 3 500 avant J.-C. et gagne la Chine, les Amériques centrale et du Sud, vers 2 500 avant J.-C.

L'ère des merveilleuses peintures et gravures dans le style des grottes et sanctuaires franco-cantabriques de la fin du paléolithique s'achève. Elles vont revivre sous des formes différentes, dans divers pays d'Europe, en Scandinavie, chez les Celtes, en Afrique, en Asie, au Mexique et au Pérou.

Parallèlement, là ou les villes s'édifient, les grottes cessent d'être des sanctuaires au bénéfice de constructions, de temples, dont les murs s'ornent de peintures et de gravures.

L'art pariétal devient mural.

Les oiseaux, comme toujours, sont présents dans les sites les plus caractéristiques.

Çatal Hüyük, la plus ancienne ville connue.

En 1958, le professeur James Mellaart découvre Çatal ou Chatal Hüyük, en Turquie, à 300 km d'Ankara la capitale. L'ensemble s'étend sur plus de 16 hectares, mais les 95 pour cent du site restent à fouiller.

Cependant, ce qu'on a mis au jour prouve une civilisation urbaine avancée et la plus ancienne, puisqu'on lui assigne environ 10 000 ans.

Les morts donnaient lieu à tout un rituel. On les inhumait dans leur maison après que leurs corps, exposés aux vautours, se trouvaient débarrassés de leur chair ; cela se pratiquait il y a peu de temps encore, sur les « tours du silence » que nous avons vues en Iran. On enterrait les squelettes des défunts, habillés de leurs vêtements, sous le sol des demeures, généralement à l'emplacement des lits, certains de ces squelettes recouverts d'ocre rouge, couleur magique. Tous avaient près d'eux les objets qui leur étaient familiers de leur vivant : armes et outils pour les hommes, objets de toilette pour les femmes, dont de magnifiques miroirs en obsidienne, ce qui laisse à penser que les habitants croyaient en une vie future où ces objets pourraient leur servir.

Ici régnait le matriarcat comme l'attestent les statuettes de déesse-mère, femmes plantureuses dans le style de celles du paléolithique, et la place d'honneur occupée par le lit de la mère sous lequel reposait son squelette. Sur les murs, des mains se tendent vers des seins en relief.

Des taureaux peints et de grosses têtes de ces animaux modelées en terre cuite avec des cornes véritables, symbole viril, sont liés au culte qu'on lui rendait.

Les vautours.

Les vautours, chargés de débarrasser les corps de leur enveloppe charnelle, font l'objet d'un culte dont on n'a pu expliquer le sens. Une partie du quartier dégagé comporte des sanctuaires où ils figurent avec des griffons.

Les ailes largement déployées, certains de ces vautours paraissent avoir des jambes humaines. Ils s'attaquent à des hommes sans tête qui semblent flotter dans les airs. Au-dessous de ces fresques murales et sous des têtes de taureau, on trouve de nombreux crânes. Cependant, les squelettes humains enterrés à l'intérieur des maisons sont entiers.

On a dit que ces corps étaient décapités « pour montrer qu'il s'agissait de morts », ce qui n'explique rien. Les artistes de l'époque connaissaient bien les mœurs des vautours qui se nourrissent surtout de viandes mortes, de charognes et ne risquaient donc pas d'attaquer des hommes vivants. Nous pensons plutôt que ces corps volants, qui ne correspondent pas aux positions normales étendues ou couchées des corps destinés aux rapaces, mais qui flottent en suspension dans l'espace avec leurs têtes absentes, symbolisent l'envol des esprits hors de la matière car, dans toutes les religions, l'âme, l'esprit réside dans la TÊTE ou le cœur.

Autre hypothèse : les vautours, ayant dévoré les têtes des défunts, gardaient en eux les esprits qui les habitaient et les portaient vers les cieux, ce qui correspond au symbole de l'oiseau, lien entre la Terre et le monde céleste, auquel croyaient sans doute les hommes de cette ville. Des dessins et des statuettes représentent de vieilles femmes accompagnées de vautours, peut-être des officiantes.

Les fresques du Tassili.

Le Sahara, immensité de sable où tant de caravanes périrent, n'a pas toujours eu cet aspect désertique ; les milliers de gravures et peintures de cette région le prouvent. Les plus anciennes datent de 8 000 ans avant J.-C. et le montrent riche, verdoyant, avec des quantités de troupeaux, occupé par des peuples de pasteurs qui se succédèrent au cours de nombreuses civilisations. Les fresques les plus célèbres, celles du Tassili, les décrivent dans leurs activités journalières.

Ces peintures découvertes par le lieutenant Brenans, les missions dirigées par Henri Lhote, de 1956 à 1960, les firent connaître. Elles se situent au centre du Sahara, à plus de 2 000 km d'Alger, au Tassili-n-Ajjer, dans des abris sous roches creusés par l'érosion.

Les oiseaux au rôle uniquement signalisateur y sont peu nombreux par rapport à l'énorme quantité d'animaux, de bovidés et de personnages qui, de 10 à 12 cm de haut atteignent parfois plusieurs mètres.

Relevons une quarantaine d'autruches à Tahilahi, et deux outardes, dont l'une de 1,25 m à Adjefou, figurent avec des personnages insolites dont nous verrons l'importance. Là où se trouvent les oiseaux se cache le vrai message. A Lascaux il n'y a que des plumes et UN seul oiseau, mais ils sont la clef de la grotte.

L'énigme des « têtes rondes ».

Les plumes ornent les bras, les épaules, les têtes de personnages dont certains dits à « tête ronde » vont du diablotin de quelques centimètres au « grand Dieu martien » de Jabbaren, haut de 6 mètres.

Les « têtes rondes », nombreuses et variées — H. Lhote relève trente styles différents rien que pour leur période — posent un problème. Elles appartiennent aux fresques les plus anciennes de 8 000 à 6 000 ans avant notre ère et se dissimulent dans les abris qui servaient de sanctuaires.

Là, reproduits par centaines, des personnages de toutes tailles, certains avec des plumes, casqués et vêtus de « combinaisons spatiales », intriguent les archéologues. Les chercheurs d'insolite y voient des cosmonautes venus dans un lointain passé. Leur visite ayant fortement impressionné les peuples, on comprend leurs représen-

Fig. 16. — Fresque du Tassili de style égyptien. Elégantes (ci-contre) et fines petites déesses de Jabbaren à tête d'oiseau ; leur taille n'atteint pas 50 cm. Peintes, chacune d'une couleur différente, elles peuvent s'associer au rythme des saisons. (D'après H. Lhote, 1957.)

tations si nombreuses auxquelles se mêlent des engins, des symboles cosmiques qui, en effet, font songer aux phénomènes connus sous le nom de « soucoupes volantes » que nous traiterons au chapitre XVI.

D'un type plus récent que les têtes rondes, apparaissent dans cet ensemble les peintures de quatre jeunes femmes à tête d'oiseau, aux seins menus, longues et fines, d'une rare élégance, dénommées « les quatre déesses protectrices » (fig. 16). Avec leurs couleurs différentes, elles peuvent s'associer aux saisons. Celle qui domine les trois autres regarde le ciel. Le style de cette peinture, nettement égyptien, surprend en ce lieu, car on ne mentionne aucune occupation égyptienne dans ces parages ; mais les communications ne sont pas exclues.

Inde. Stupas, environs de Kathmandu près de la rivière sacrée Bagmati. Le stupa réunit les symboles de l'œuf cosmique, demi-sphère céleste, base carrée terrestre. Sur les quatre faces les yeux du Bouddha regardent le monde vers les quatre points cardinaux.

Mexique. Ensemble de bronze commémorant la fondation de Mexico.

Volière cosmique.
Constellations de la
Voie lactée,
du Vautour Lyre,
de l'Anser (oie),
de l'Aigle et du Cygne
(d'après Bode).

Pérou. Étrange pierre ovoïde
que les Indiens disent tombée du ciel ;
couverte de sculptures, haute
d'environ 2,60 m, elle pèse des tonnes.

La pierre face nord.

Lascaux. Grotte préhistorique. Scène du puits et secret de l'oiseau. La facture du dessin de la partie centrale, nettement différente de celle des grands animaux, met en lumière les éléments inséparables du fabuleux message de la grotte. *(photo Archives photographiques, Paris)*

Détails figures A et B. L'homme raidi mais bien vivant est en état de dédoublement. Son âme a provisoirement quitté son corps, ce que symbolise sa tête à l'image de celle de son âme-oiseau posée sur le bâton creux, première forme de lunette astronomique. Sous le bâton-lunette se voit un signe abstrait fréquent dans les grottes. Fig. C : à côté, la prétendue « branchette », autre instrument de visées, indispensable pour réussir le dédoublement supérieur.

Iran, Persépolis.
Le dieu Ahura Mazda dans son disque ailé.

Poitiers, église Notre-Dame la Grande (XIe et XIIe siècles).
Alphabet d'oiseaux, les lettres C, D, G, O, S, X
sont ici parfaitement visibles.

Le Homa, oiseau divin (chapiteau de Persépolis).

Colombie.
Monolithe de San Augustin qui représente le thème de l'oiseau céleste dévorant le serpent terrestre.

Éthiopie.
Mégalithe couvert de signes gravés.

Égypte. Isis, la grande magicienne.

Bas-relief. On reconnaît trois représentations du dieu Horus sous sa forme de faucon, portant sur la tête le disque solaire entouré du cobra sacré ; entre les ailes, le nœud magique traversé par le bâton de vie. Au centre, deux cartouches surmontés chacun d'un signe solaire et de deux longues plumes.

Pérou. Sur cette roche, animaux, alignements de points, signes abstraits voisinent avec un condor et un des extraordinaires personnages à tête casquée.

Bolivie. Tiahuanaco.
Un des hommes-oiseaux
de la célèbre frise de la porte
du soleil où abondent
les têtes de condors.

Pérou. Gravure rupestre.
Oiseaux magiques à queue coupée
entourés d'alignements
de points stellaires.

10

LE PROBLÈME DES MÉGALITHES

Les mégalithes (du grec *mega* : grand, et *lithos* : pierre), blocs de pierre brute, sommairement taillés et dégrossis — certains pèsent des tonnes — comprennent les menhirs, alignements et cromlechs, les dolmens, allées couvertes, et trilithes comme ceux du célèbre site de Stonehenge, en Angleterre.

Ces constructions s'étendent de la fin du néolithique, vers 3 000 avant J.-C., jusqu'à l'âge du bronze avec lequel elles coexistent souvent aux environs de 1 500 avant J.-C.

La technique employée pour le déplacement et l'érection des mégalithes s'étant perdue, ceux-ci, avec leurs masses imposantes, paraissaient mystérieux à tous les peuples. Ils désignèrent pour constructeurs des êtres fabuleux aux pouvoirs magiques : nains, fées, géants, enchanteurs et dieux.

Les fées, qui se transformaient en oiseaux pour se déplacer, contribuaient pour une part, d'après les légendes, à leur édification. Elles transportaient les menhirs et les pierres des dolmens sur leur tête ou dans leur tablier. Aussi trouve-t-on un peu partout des buttes, dolmens et pierres « aux fées ».

La fée Mélusine, femme ailée à queue de serpent,

aurait édifié le dolmen de la Jarne, en Charente-Maritime.

L'Eglise jeta l'anathème sur les mégalithes, et particulièrement sur les menhirs. Ils donnaient lieu à des superstitions, à des cultes de caractère phallique qui subsistèrent jusqu'au début du xxe siècle. Beaucoup furent christianisés et, ainsi, sauvés de la destruction. Ils portent des croix, des gravures empruntées à la passion du Christ, tel le menhir de Saint-Duzec à Pleumeur-Bodou dans les Côtes-du-Nord et d'autres en Ethiopie (hors-texte).

Oiseaux et légendes mégalithiques.

Les oiseaux jouent un rôle important chez les Celtes, celui de messagers des dieux et de lien avec l'au-delà. En particulier les cygnes, oiseaux de blancheur et de lumière, qui descendent sur la Terre par couple, unis l'un à l'autre par une chaîne d'or. Ils accompagnent les âmes des morts vers les cieux. Ils se voient en Scandinavie, gravés sur les rochers, et s'associent souvent aux récits qui se rapportent aux mégalithes.

Il existe en Grande-Bretagne, à propos de Stonehenge (le plus imposant des monuments mégalithiques) une belle et poétique légende. Relatée par Elien le Sophiste, elle rappelle le culte solaire et les cygnes chantants celtiques. Au cours des cérémonies qui s'y déroulaient, quand les officiants entonnaient leurs chœurs accompagnés de leurs instruments de musique, les cygnes accouraient de toute part en véritables nuées, se posaient sur les menhirs, les trilithes, battaient des ailes, mêlaient leurs chants à ceux des prêtres et de la foule afin de saluer le Soleil.

Chez les Celtes, le corbeau est un druide et sans doute le dieu Lug. Il accompagne le dieu gaulois Sucellus.

En Scandinavie, Odin, ordonnateur du monde, magicien, inventeur des sciences et de l'écriture (les runes), donne son nom à un menhir des Orcades, la « Pierre d'Odin ». Ce dieu, grâce aux deux corbeaux ses amis, Hugin, la réflexion, et Munin, la mémoire, qui ne quittent ses épaules que pour parcourir le monde, sait tout ce qui s'y passe grâce à leurs rapports. Ils symbolisent l'un, la vie, l'autre, la mort.

En France, on racontait que, pendant la nuit de Noël, un merle devenait capable de soulever, un instant, l'un des menhirs de Luitré qui cachait un trésor sous sa base, laissant ainsi apercevoir l'éclat de l'or et des pierres précieuses, objets de convoitise. Mais malheur à ceux qui essaieraient de s'en emparer. Le merle ne pouvant soutenir qu'une seconde la lourde pierre, ils seraient immanquablement écrasés avant de les saisir.

Etranges concordances.

Les mégalithes se rencontrent sur toute la Terre. On les compare aux stupas de l'Inde, les Indiens et les Celtes ayant la même croyance en l'immortalité de l'âme.

Leurs formes ne varient pas, mais on leur prête bien des significations. Les menhirs sont de simples bornes, limites de propriétés, de territoires, indicateurs de tombes situées sous les tumulus, ou des monuments dressés en souvenir d'événements mémorables et liens entre le Ciel et la Terre.

La Bible parle de pierres qui évoquent des menhirs. Moïse, qui commande aux Juifs, leur dit : « Lors donc que vous aurez passé le Jourdain, vous dresserez sur le mont Hébal... un autel de pierres sur lesquelles tu ne porteras pas le fer. Tu bâtiras en pierres brutes l'autel de Yahveh, ton Dieu. Et tu offriras dessus des holocaustes » (Deutéronome, chap. XXVII, 4 à 6).

Josué à Galgala dresse « les douze pierres qu'ils avaient prises du Jourdain... Lorsque vos enfants demanderont un jour à leurs pères : Que signifient ces pierres ? vous en instruirez vos enfants en disant : Israël a passé ce Jourdain à sec... comme (il l'a) fait à la mer Rouge » (Livre de Josué, chap. IV, 19 à 23), les eaux s'étant retirées pour leur laisser le passage.

Où que se situent les dolmens, le modèle reste le même, fait de pierres brutes à peine retouchées.

Les savants préhistoriens voient, dans les dolmens et tumulus, des tombeaux, ce qu'attestent la présence de nombreux squelettes, ainsi que le mobilier, haches, polies et de bronze, flèches, burins, perçoirs, racloirs en silex, parures en os, disques, rondelles percées et coquillages.

Les plus récents recèlent des bijoux de bronze et d'or dans le style de Mycènes, des perles bleues en faïence qui ne se fabriquaient qu'en Egypte, d'autres en ambre venues d'Europe centrale et des jades et jadéites, ce qui démontre l'étendue des échanges commerciaux.

Les mégalithes appartiennent au culte des morts et des ancêtres. En Angleterre, en France, au Caucase, en Palestine et en Inde, des dolmens troués permettent aux âmes des défunts de s'échapper par ces orifices.

Autre concordance : dans le monde entier, les mégalithes s'orientent par rapport aux étoiles et au Soleil, ce qui prouvent des connaissances astronomiques. Ils forment de véritables calendriers néolithiques qui réglaient les travaux des champs et certaines cérémonies.

En France, l'ensemble compte près de 7 000 mégalithes ; fréquemment l'accès des dolmens, tumulus et allées couvertes se situe au lieu déterminé entre le lever et le coucher du Soleil au solstice d'été. De même pour tous les alignements. Ceux de Carnac (Morbihan), connus mondialement avec 2 940 menhirs, s'étendent en longues lignes parallèles sur 4 kilomètres ; ceux de Kermario et du Petit-Menec donnent la direction du lever solsticial d'été et du coucher solsticial d'hiver. A Kerlescan et au Menec, ils suivent la ligne équinoxiale.

Stonehenge, le plus grandiose des monuments mégalithiques aux pierres de 50 tonnes, s'oriente de façon qu'au solstice d'été le Soleil se lève juste dans l'axe de l'avenue d'entrée. Centre d'observation astronomique et de culte solaire, sanctuaire vieux de 4 000 ans pour les parties les plus anciennes, ce monument unique serait le point de départ en étoile, de lignes de forces planétaires sur lesquelles se placeraient dolmens et menhirs.

Statues-menhirs et signes gravés.

L'ornementation des mégalithes est assez limitée. Certains, appelés statues-menhirs, prennent des formes humaines assez grossières ; beaucoup évoquent la déessemère dans un style différent de celui du paléolithique. On les rencontre principalement en France sans oublier la Corse, en Angleterre, en Espagne, au Portugal, en Italie, au Caucase, en Afrique du Nord, au Soudan, en Ethiopie et, sous divers aspects, un peu partout dans le monde.

Curieusement, on retrouve la facture des statues-menhirs au visage sans bouche, sur des rochers, des dalles gravés, et des poteries, aussi bien en Europe, en Asie qu'en Amérique.

Les signes gravés de cette époque se caractérisent par

des jougs, crosses, écussons, boucliers, et des haches emmanchées considérées comme sacrées, des cercles concentriques ou semi-circulaires, des spirales simples ou doubles et de nombreux points ou cupules. Ces dernières, d'un diamètre de 3 à 10 centimètres, parfaitement visibles, figurent sur de nombreuses pierres brutes, rochers et dalles. Leurs dessins rappellent étrangement les points-étoiles, reproduction des constellations que nous avons relevées dans les grottes à peintures, ce qui est vraisemblable puisque tous les monuments mégalithiques présentent des orientations stellaires et solaires.

A Lough-Crew, en Irlande, la « Chaise de la Sorcière », énorme pierre de 3 mètres de long sur 2 mètres de hauteur, pesant plus de 10 tonnes, porte des points associés aux signes déjà mentionnés, les mêmes que dans les chambres des tumulus voisins.

La spirale, symbole cosmique.

On admet généralement que la spirale d'origine égyptienne, vers 2 700 avant J.-C., gagne la Crète, puis l'Europe occidentale. Elle joue un rôle considérable dans l'art décoratif des mégalithes et manifeste l'enroulement, le départ ou le retour à un point central originel. Elle rappelle les mouvements de l'univers en contraction et en expansion.

On peut considérer la spirale comme l'image de la genèse du monde — ce qu'illustre la nébuleuse spirale —, avec son aspect tourbillonnaire, créant une compression de masse au centre si intense (contraction), accompagnée d'une température si élevée, qu'elle explose (expansion), d'où la transformation de la masse en espace.

Un nouveau champ tourbillonnaire fait naître une

future concentration et le processus se renouvelle indéfiniment dans le Cosmos. En bref, le point devient générateur d'espace.

Toutes les civilisations ont adoré, sous des formes extrêmement diverses, cette concentration qui se manifeste par des soleils-étoiles, considérés comme des dieux ou des déesses.

Ce symbolisme cosmique se rattache au cycle de la vie, naissance, développement et mort, que souligne mieux encore la double spirale qui sépare les deux moitiés *Yin* et *Yang* dont nous avons étudié les symboles. Equilibre de deux mouvements opposés et complémentaires, continuité, avance ou recul dans l'initiation ou les connaissances, la spirale exprime un symbole de vie, d'involution ou d'évolution.

Prise comme motif d'ornement, on la reproduit sur la planète à toutes les époques.

En France, le vaste tumulus de l'île de Gavrinis (Morbihan) permet d'admirer, gravés sur les supports de granit de l'allée couverte, des centaines de signes curvilignes et de spirales qui évoquent des ondes et des vagues, car on oublie trop souvent que les Celtes sont des peuples de la mer.

Les demi-cercles concentriques symbolisent, comme les colliers des statues-menhirs, le pont céleste, l'ARC-EN-CIEL, que les Indiens des Amériques reproduisent fréquemment au-dessus de leurs oiseaux mythiques.

Les mégalithes, condensateurs d'énergies cosmiques.

Les mégalithes se situent sur les lignes de courants telluriques. On a remarqué qu'ils jalonnent des sources, des ruisseaux, des cours d'eau souterrains ou vouivres, et se trouvent souvent à leurs croisements ; ils pourraient être des repères. Les signes appelés jougs, crosses, représenteraient alors des baguettes de sourciers qui permettaient justement de déceler vouivres et sources.

Nous avons signalé le rapport de ces courants telluriques et magnétiques avec les « serpents d'eau » souterrains. Les folklores allemand, suisse et gaulois imaginent la vouivre sous la forme d'un SERPENT AQUATIQUE AILÉ, image remarquablement évocatrice des liaisons terre, eau, ciel.

Le menhir baigne en quelque sorte le pied dans l'eau aux propriétés conductrices, la tête dressée vers le firmament, la lune, le Soleil, les étoiles, créant la liaison courants terrestres et courants célestes. Il joue le rôle de condensateur de forces cosmiques.

Les hommes, placés près des mégalithes, pris dans les enceintes des cromlechs, des alignements où s'effectuaient des processions, des cérémonies religieuses, s'imprégnaient de cette atmosphère fluidique, qui rappelle celle ressentie au-dessus des failles et dont nous avons dit l'importance.

Curieuses concordances des répartitions géographiques.

Autre concordance à noter, la dispersion et l'emplacement très particulier des mégalithes, généralement PROCHES DES RIVAGES, DES MERS, DES OCÉANS, donc très fréquents dans les îles et presqu'îles. On les rencontre au sud des Iles Nippones, en Corée, à Ceylan, en Sardaigne, en Corse. La Bretagne groupe plus de 4 000 monuments.

Au Danemark, dans la seule île de Seeland, on dénombre plus de 3 500 mégalithes et des milliers au sud de la Suède et dans l'île d'Oeland... Nous ne pouvons tout citer.

En Bretagne, ils sont parfois si près des côtes que, dans le golfe du Morbihan, actuellement l'un des deux cromlechs d'Erlannic est complètement immergé. Il ne subsiste que 48 menhirs que battent les marées.

Contrairement à ce que l'on pense souvent, les mégalithes se répartissent moins nombreux en Bretagne que dans l'Aveyron et l'Ardèche.

L'ensemble des monuments mégalithiques français compte environ 4 500 dolmens, 3 500 menhirs ISOLÉS, plus ceux des alignements qui en comprennent des milliers.

Les plus hauts menhirs se rencontrent en Bretagne. Celui de Locmariaquer (Morbihan), dit « Pierre de la Fée », fut renversé à une date inconnue et se brisa en cinq morceaux dont il ne subsiste que quatre qui, mis bout à bout, mesurent 20,60 m, la hauteur d'un immeuble de 7 à 8 étages, et pèsent 300 tonnes. Dressé, on voyait son sommet des îles voisines. A quelques mètres se cache l'entrée du grand dolmen de la « Table des Marchands », remarquable monument avec son support en forme d'amande, gravé de « crosses», de signes divers, ainsi que le plafond et les pierres des parois.

Pour la pénétration à l'intérieur des continents, les initiateurs utilisaient les fleuves dont ils remontaient le cours.

Cette répartition planétaire se concentre sur des régions côtières déterminées, favorisées, alors que dans les pays voisins il n'en existe pas.

Il y a peu de mégalithes en Europe orientale, septentrionale et centrale. En revanche, ils fourmillent en Europe occidentale. A l'ouest du Portugal et de l'Espagne, une bande franchit les Pyrénées, pénètre en France, se continue en Irlande, en Grande-Bretagne jusqu'aux Orcades, et se poursuit en Scandinavie.

Dans l'immense Asie, on ne trouve que quelques

groupes isolés à l'exception des îles et presqu'îles où ils sont nombreux. En Asie, ils s'étendent au long de la côte ouest de la mer d'Oman et au nord, parallèlement à la chaîne himalayenne. Nous les avons rencontrés par centaines sur des kilomètres en Assam et près de Shillong, la voie de pénétration des initiateurs étant le Brahmapoutre. Ils se dressent aux bords des routes, aux sommets des collines. Les Indiens se réunissent pour danser et chanter à leur pied.

En Colombie, au voisinage des fleuves Magdalena et Cauca, à San Agustin s'élèvent des dolmens et une centaine de monolithes. Notre photographie (hors-texte) montre l'un d'eux qui rappelle le thème si fréquent, dans les cultures méso-américaines, de l'oiseau céleste et du serpent terrestre.

Les mégalithes s'érigent pendant une période de 1 000 ans, puis leur construction cesse aussi brusquement qu'apparue, sans qu'on s'en explique les raisons.

Qui sont les initiateurs ?

La facture des mégalithes partout identique, leur emplacement, leur orientation, leurs symboles, démontrent des techniques, un savoir scientifique, transmis par des initiateurs communs venus de la mer, comme l'indiquent leurs situations géographiques. Ils apprirent aux divers peuples le moyen de déplacer et dresser des blocs de pierre de 300 tonnes et plus, procédé qui reste encore à élucider.

Ces initiateurs font songer aux puissants Atlantes du récit de Platon, engloutis avec leur continent dans l'océan Atlantique, aux habitants de Mu disparus dans le Pacifique, lors d'un terrible cataclysme vers 10 500 avant notre ère.

On pense également aux Crétois, aux Phéniciens, mais sans preuves valables. Quels qu'ils soient, les mégalithes témoignent de connaissances avancées, inattendues chez des peuples dits peu évolués. Cela implique des civilisateurs disparus mystérieusement dans les bouleversements terrestres et aussi, pourquoi pas, venus d'un autre monde. Les indices ne manquent pas, nous le verrons au chapitre XVI.

11

L'ÉGYPTE SOUS LE SIGNE DES OISEAUX ET DES AILES

Nous avons suivi les oiseaux, du paléolithique supérieur au néolithique, dans la suite classique de ces périodes et jusqu'à la fin du phénomène mégalithique, ce qui nous oblige à reculer de plusieurs millénaires sur la ligne du temps pour voir se lever, sous le signe des oiseaux, l'aube de la grande civilisation égyptienne qui a précédé l'ère des mégalithes.

Dynasties préhistoriques des Rois-Faucons.

Hérodote écrivait : « L'Egypte est un don du Nil. » Elle lui doit en effet sa richesse, sa fertilité. Bordée de déserts à l'est et à l'ouest, elle s'étend sur une mince bande qui longe le cours du fleuve où s'inscrit son histoire.

Nous allons étudier les époques les plus lointaines, détentrices d'un savoir bien antérieur au déluge biblique. Nous essaierons, en remontant aux sources, de trouver de nouvelles clés.

Nous avons signalé au chapitre VI, à propos des datations, combien elles varient selon les époques et les auteurs. Celles qui concernent la civilisation égyptienne le démontrent abondamment. Hérodote lui donne une ancienneté d'environ 35 000 ans avant J.-C. ; Manéthon, prêtre égyptien qui vivait au IIIe siècle avant notre ère, dit 30 000 ans, et Diodore de Sicile 23 000 ans. Ces dates correspondent au paléolithique supérieur, pendant lequel les habitants de l'Europe en auraient encore été à l'âge de la pierre taillée. Nous avons prouvé qu'ils avaient largement dépassé ce stade.

En fait, les origines de l'Egypte demeurent assez obscures. On sait qu'à la période préhistorique ou prédynastique, elle se divise en multiples cités, royaumes et provinces appelés nomes, gouvernés par des rois-dieux indépendants, belliqueux, héritiers des divinités locales auxquelles ils étaient assimilés. L'une d'elles, un faucon, va prendre une place considérable.

Tout d'abord le nome qui a le faucon pour totem conquiert une grande partie de l'Egypte et impose le culte de cet oiseau qui durera des milliers d'années. Des dynasties de rois-faucons se créent. Lorsque le dieu faucon se nomme Hor, puis Horus, les rois prennent le titre de Faucon-Horus. Considérés comme les descendants directs de l'oiseau déifié, ils sont divinisés, ce qui se perpétuera chez les pharaons.

Dès ces époques préhistoriques, la civilisation est déjà très avancée et l'art atteint la perfection. Les objets découverts dans les tombes en témoignent, telles les palettes à fards si remarquablement sculptées et gravées. Champollion écrivait que l'Egypte « semble sortir des mains du Créateur toute dotée des institutions nécessaires à son existence et à son développement ».

Vers 3 400 ou 3 200 avant J.-C. (dates officielles), Ménès, le premier roi de la première dynastie, porte toujours le titre de Roi-Faucon. Il est le souverain d'un pays et d'une société hautement organisés, possédant une écriture hiéroglyphique élaborée. Il en assure la puissance en unifiant la Haute et la Basse-Egypte. Les cultes des grands dieux, tel Horus, gagnent le pays entier devenu un empire. Dans cette évolution, certains dieux locaux disparaissent, d'autres se maintiennent ou se transforment.

Beaucoup de ces divinités, aux formes animistes, pourraient laisser penser que les anciens Egyptiens adoraient les animaux pour eux-mêmes. Plus exactement, ils les choisissaient en fonction de leurs caractéristiques et autant qu'elles permettaient de mieux saisir la symbolique du dieu représenté.

Tel le dieu solaire Horus, issu du faucon totémique venu du fond des âges. Les Egyptiens firent de cet oiseau

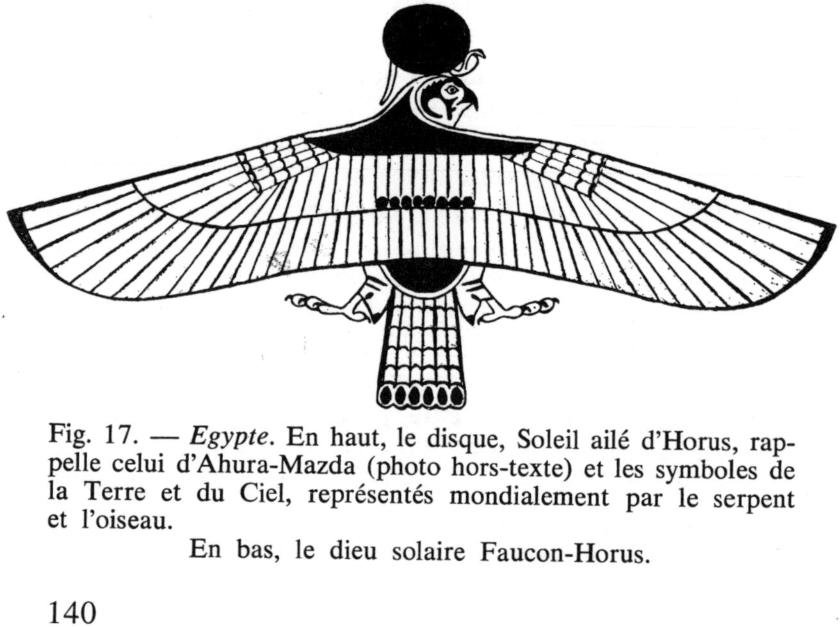

Fig. 17. — *Egypte.* En haut, le disque, Soleil ailé d'Horus, rappelle celui d'Ahura-Mazda (photo hors-texte) et les symboles de la Terre et du Ciel, représentés mondialement par le serpent et l'oiseau.

En bas, le dieu solaire Faucon-Horus.

l'emblème du Soleil pour les qualités qu'ils lui prêtaient : prolifération, longévité, hauteur et rapidité du vol, attaques foudroyantes en chute verticale. Persuadés que, seul, il avait la possibilité de fixer le soleil éblouissant, ils l'introduisirent dans les sanctuaires comme l'incarnation de l'astre générateur des mondes, et âme universelle.

Nous venons de montrer comment Horus donna son nom aux premières dynasties (fig. 17). Vénéré sous sa forme de rapace ou d'homme à tête d'oiseau, il porte sur la tête le disque solaire souvent entouré d'un uræus. Parfois, on le représente par un disque ailé. Au cours des âges, ses fonctions multiples et son nom varient. Sous l'appellation d' « Horus des deux horizons », il symbolise deux positions du Soleil, le moment de son lever, éveil de la vie, et de son coucher, quand il rentre dans le royaume des mondes souterrains.

Dans une variante, les yeux d'Horus sont le Soleil et la Lune, ce qui s'explique, car la Lune réfléchit les rayons de l'astre du jour qui lui donnent son aspect lumineux. En somme, elle prolonge la clarté solaire jusqu'au fond de la nuit.

Plus tard, nommé Oudjat, l'œil d'Horus omniscient, doué de fluides magiques, capable d'apporter aide, santé, prospérité, accompagne les défunts dans leurs tombeaux où on le trouve sous forme d'amulettes, reproduit à des milliers d'exemplaires (fig. 39). Nous ne pouvons citer toutes les dénominations de ce dieu-faucon. Ajoutons néanmoins que dans le mythe osirien, il devient « Horus vengeur de son père ».

Les dieux-oiseaux.

Généralement, les grands dieux et ceux ayant un rapport avec le Cosmos, tel Horus, s'identifient à des oiseaux, des êtres à corps humain et tête d'oiseau, ou à des personnages portant plumes ou ailes. Voyons les plus connues de ces nombreuses divinités. Elles occupent une place prépondérante dans le panthéon égyptien.

NEKHBET, protectrice des rois, présente l'aspect d'un vautour ou d'une jeune femme coiffée de cet oiseau, dont les ailes lui encadrent la tête. Elle est assimilée aux déesses NEITH et MOUT.

MOUT, autre déesse vautour, épouse d'Amon, sous son apparence humaine porte la coiffure du vautour surmontée de la « double couronne des pharaons », symbole de l'union de la Haute et de la Basse-Egypte. Mère

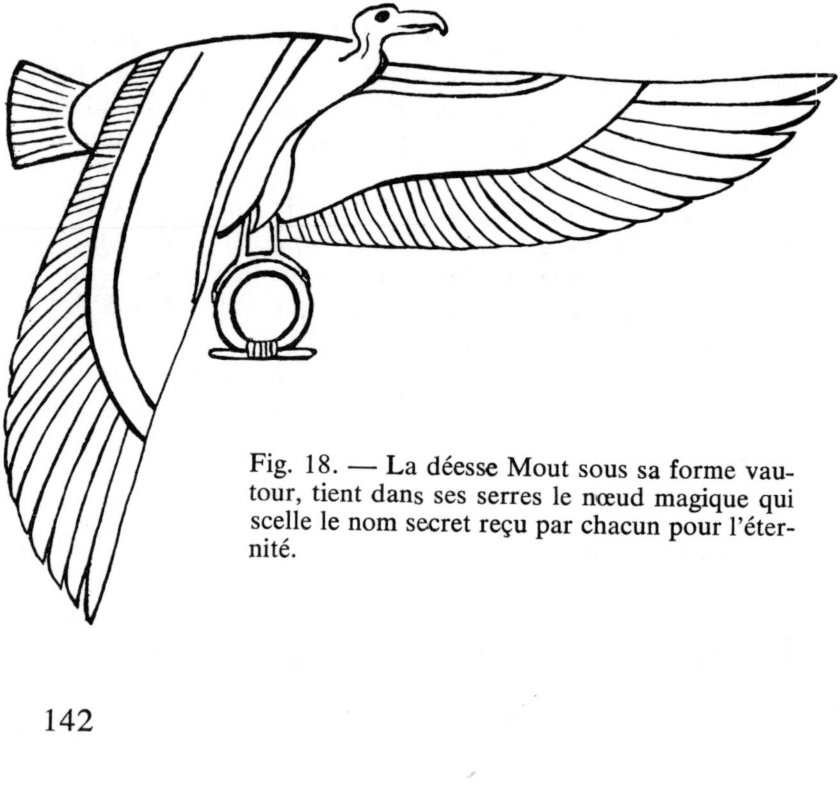

Fig. 18. — La déesse Mout sous sa forme vautour, tient dans ses serres le nœud magique qui scelle le nom secret reçu par chacun pour l'éternité.

des êtres et âme universelle, elle en détache une parcelle pour chacun. On la voit, sous sa forme vautour, sur les monuments, dans les tombeaux, tenant dans ses serres le nœud magique qui scelle les parties matérielles et immatérielles de l'homme ainsi que son NOM SECRET, celui qu'il possède de toute éternité et retrouve à sa mort (fig. 18). Ceux qui arrivent à connaître le nom d'éternité d'un dieu où d'un quelconque individu, ont totalement prise sur lui. Aussi les Egyptiens prêtaient-ils une grande importance à leur nom terrestre, car il faisait partie de leur MOI intégral.

A l'avant des diadèmes des pharaons se dressent les têtes du cobra et du vautour, emblèmes de ces deux déesses, protectrices des rois.

GEB, le dieu de la Terre, porte sur la tête l'hiéroglyphe de son nom, une oie. Dans la conception d'Héliopolis, il est le fils de l'air, Shou, l'époux de la déesse du Ciel Nout, et le père des divinités Osiris, Isis, Seth et Nephtys.

SHOU, dieu de l'air, orne sa chevelure d'une longue plume. Il joue un rôle important dans la cosmologie héliopolitaine.

Le Soleil Rê, sorti du chaos primordial, crée de sa propre substance le premier couple divin, Shou et Tefnout. Ils engendrent le Ciel et la Terre. Ces derniers étant étroitement unis, Shou les sépare de force en les arrachant l'un à l'autre. Aussi le montre-t-on soutenant le Ciel à bout de bras. Ici il faut se rendre à l'évidence, le mythe égyptien rejoint celui de la lointaine Polynésie mentionné au chapitre II, où Tane, le dieu des oiseaux, sépare le Ciel et la Terre intimement embrassés.

MAÂT, émanation et fille du Soleil Rê, figurée par une jeune femme, se distingue par la plume piquée verticalement dans ses cheveux et tenue par un ruban. Elle personnifie l'équilibre, l'ordre, l'harmonie universels. Incarnation de la sagesse et de la justice, elle participe au jugement d'Osiris (pesée des âmes ou psychostasie), qui décidera du sort du défunt. La scène maintes fois reproduite est dramatique. Elle représente Osiris assis sur son trône, assisté d'Isis, de Nephtys et des quarante-deux assesseurs. La balance, placée au centre de la salle, porte sur l'un des plateaux le cœur du mort et, sur l'autre, la plume qui symbolise Maât, la vérité. Le défunt, ayant préalablement récité les paroles magiques de protection, commence alors ce qu'on appelle dans le *Livre des Morts* la confession négative. Il expose tout ce qu'il n'a pas commis de mauvais car, très adroitement, il ne dit pas le mal qu'il a fait, mais celui qu'il n'a pas fait.

> Je n'ai pas causé de souffrances aux hommes...
> Je n'ai pas fréquenté les méchants.
> Je n'ai pas commis de crimes.
> Je n'ai pas fait travailler pour moi avec excès...
> Je suis pur ! Je suis pur ! Je suis pur ! Je suis pur [1] !

Si ses paroles sont mensongères, ses péchés font pencher le plateau du cœur et il est dévoré par le monstre Amenuit, le mangeur d'âmes. Si sa confession est véridique, le plateau porteur de la plume de justice et de vérité s'abaisse. Le mort justifié, conduit par Horus le « Vengeur de son Père », s'avance dans la gloire d'Osiris. Le dieu Thot, le scribe des âmes, inscrit sur une tablette, pour l'éternité, le résultat du jugement.

Amon-Rê, dieu de la cité de Thèbes, se singularise par une couronne surmontée de deux longues plumes. Iden-

1. Les citations du *Livre des Morts* sont extraites de la traduction de G. Kolpaktchy.

tifié au Soleil, il prend de l'importance à la XIe dynastie et domine l'empire égyptien à partir de la XVIIIe.

Isis (hors-texte), magicienne, ne se sépare pas de la légende de son frère et époux Osiris. Lorsque le dieu-Soleil Rê vient régner sur la Terre, il se met à vieillir comme les hommes. Isis le fait piquer par un serpent ; nul ne pouvant le soulager, elle lui propose de le guérir, s'il lui dévoile son NOM SECRET. Malgré ses réticences, elle y parvient et s'empare ainsi de sa puissance. Dès lors, elle est la grande magicienne, déesse de l'Univers, de la mort et de la résurrection. Dans une autre légende, l'Ibis-Thot initie Isis et son fils Horus. Quoi qu'il en soit, elle reconstitue le corps d'Osiris coupé en quatorze morceaux par son frère Seth, et lui rend la vie en battant de ses ailes.

Protectrice des morts qu'elle peut ressusciter, elle figure ailée sur les sarcophages et dans les tombeaux. Son culte, ses mystères se répandent jusque chez les Grecs et les Romains et se retrouvent dans les mystères d'Eleusis.

Thot (fig. 19). On ignore les origines de ce grand dieu, adoré dans toute l'Egypte sous les traits d'un babouin, d'un ibis, et plus généralement d'un homme à tête d'ibis. En sa qualité de dieu-Lune, il porte sur la tête le disque et le croissant lunaires.

Dans la cosmogonie de la très ancienne cité d'Hermopolis, il est le démiurge universel issus du chaos. De sa voix créatrice, il fait naître l'Ogdoade composée de huit dieux qui élaborent un œuf, d'où sort le Soleil générateur de vie.

Scribe des âmes, possesseur de toutes les sciences, initiateur des hommes, il invente l'écriture et préside aux « maisons de vie », centres culturels annexés aux grands temples ils gardent une partie de leur mystère. On sait qu'en plus de l'écriture, la géométrie, l'astronomie, on y enseigne les sciences occultes, et tout ce qui touche au sacerdoce. Dans ces maisons, sous la surveillance des prêtres, les scribes réparent les vieux manuscrits,

Fig. 19. — Le grand dieu Ibis-Thot, inventeur de l'écriture, scribe des âmes, démiurge universel, gardien des formules de magie et d'immortalité.

écrivent les textes à graver sur les monuments, recopient les livres, les incantations funéraires et les milliers de formules magiques vendues pour répondre aux demandes les plus diverses.

Thot prend place dans le mythe osirien. Conseiller d'Osiris de son vivant, il participe avec Isis à sa résurrection, car il est le grand magicien détenteur des paroles magiques. D'après Manéthon, il consigna ses connaissances dans des livres rédigés avec des caractères divins. Ceux capables de les déchiffrer apprenaient les formules magiques qui donnaient tous les pouvoirs, à condition de les lire à haute voix, en respectant une diction, une modulation, un rythme, des consignes, sans lesquels les puissantes et souvent redoutables paroles devenaient inefficaces.

Cet aspect du dieu et son prestige incitèrent les Grecs à faire de Thot leur dieu ailé Hermès, puis l'Hermès Trismégiste, le trois fois grand, l'initié maître de la magie, de l'astrologie et de l'alchimie. Hermès deviendra plus tard le Mercure des Romains ; héritier tardif, messager et serviteur des divinités, dieu de l'éloquence, du commerce, des marchands et des voleurs, car lui-même a commis plusieurs larcins, il n'est plus que le pâle reflet du grand Thot.

Puissance de la magie et du son.

Les Egyptiens, grands bâtisseurs, passés maîtres en géométrie, physique, astronomie et magie, possèdent aux yeux des Grecs toutes les sciences. Aussi leurs savants et philosophes n'hésitent pas à s'exiler pendant des années pour venir parfaire leurs connaissances au pays des pharaons.

Vers le VIIe ou VIe siècle avant J.-C., Solon, l'un des

sept Sages de la Grèce, s'établit à Héliopolis, la ville solaire de Rê. Il entre en rapport avec les prêtres et, par eux, s'approche des secrets du sacerdoce qui couvrent un savoir infini. Il apprend, entre autres, l'histoire de la grande île Atlantide qui s'effondra dans l'océan.

Thalès de Milet demeure quatre ans à Memphis, ses théorèmes et ceux de Pythagore sont dans toutes les mémoires. Ce dernier fréquente pendant vingt-deux ans les collèges sacerdotaux de Memphis et de Thèbes, pénétrant ainsi certains secrets des initiés.

Lorsque le roi Cambyse envahit l'Egypte, Pythagore est fait prisonnier et envoyé à Babylone. Là, pendant douze ans, au contact des mages persans, il bénéficie de nouvelles doctrines ésotériques. Après trente-quatre ans d'absence, c'est en prophète possesseur des plus hauts secrets magiques qu'il revient dans sa patrie. Il fonde les écoles qui portent son nom, et ses disciples doivent garder le silence sur les mystères de l'initiation.

Anaxagore, qui enseigna Socrate, demeure vingt ans en Egypte ; Démocrite, cinq ans ; Platon, accompagné d'Eudoxe, y reste treize ans et accède aux documents sacrés. Par lui, le monde apprend la fabuleuse histoire de l'Atlantide engloutie.

Bien d'autres suivront ; grâce à leurs récits, aux inscriptions hiéroglyphiques des monuments, aux textes et illustrations du *Livre des Morts,* on a une idée des pouvoirs de la magie égyptienne, célèbre dans toute l'Antiquité.

Rappelons l'histoire bien connue de l'apprenti sorcier, mise en musique par Paul Dukas, relatée au IIᵉ siècle de notre ère par l'écrivain grec Lucien. Son héros, le jeune Eucratès, raconte comment Pancratès, un des scribes de Memphis, se fait servir. Il prend une barre de bois ou un balai, l'habille, et prononce sur lui une parole magique. Aussitôt le balai se met en mouvement comme un homme et exécute tous les ordres. Eucratès réussit en se cachant à entendre le mot clé. Ayant à remplir d'eau une jarre, il profite de l'absence du scribe et emploie son procédé. Le balai transformé en homme remplit la jarre, puis continue à verser de l'eau. Eucratès ne peut l'arrêter, ignorant la formule adéquate, et l'eau envahit la maison. Affolé, le jeune homme, d'un coup de hache, coupe en deux le balai, horreur ! Il se trouve avec deux porteurs d'eau au lieu d'un. Le retour de Pancratès met fin à ces débordements, mais Eucratès ne revit jamais son ami le scribe.

Moïse l'Egyptien, instruit par les prêtres d'Amon-Rê à Memphis, bénéficie de leur enseignement. On assiste dans la Bible (Exode, chapitres VI, VII) à un véritable concours de magie entre lui et les magiciens du Pharaon. Un bâton, jeté par Aaron qui accompagne Moïse, se transforme en serpent ; les magiciens lancent chacun le leur et obtiennent le même résultat, mais le serpent d'Aaron les dévore. Les « plaies » dont Moïse frappe l'Egypte relèvent de la magie, et les prêtres de la cour ne peuvent y remédier.

Dès la plus haute Antiquité, les Egyptiens sont persuadés que toute cause, tout effet trouve sa solution dans les traités et pratiques de magie. Les plus précieux étant les livres de l'Ibis-Thot qui contiennent les paroles capables d'agir sur les « forces cosmiques » et permirent aux dieux de créer l'Univers. Dans l'un de ces volumes on lit : « Si tu récites la première (formule), tu charmeras le Ciel, la Terre, le monde de la nuit, les montagnes, les eaux ; tu comprendras ce que les oiseaux du Ciel disent », ce qui signifie : comprendre le fameux langage des oiseaux, celui des initiés.

Nous avons vu qu'il ne suffisait pas de connaître les paroles du dieu Ibis pour les rendre efficaces, mais qu'il fallait les prononcer de « juste voix », c'est-à-dire dans la tonalité exacte, car le formidable pouvoir des sons s'explique par la loi des vibrations.

Chaque chose, chaque être animé ou non, possède un taux de vibrations particulier. Connaître ce taux, c'est pouvoir causer l'éclatement, la désagrégation de tous les corps, à quelque règne qu'ils appartiennent. La Bible fournit un exemple de cette terrible puissance. Le « Livre de Josué » mentionne comment les murailles de Jéricho s'écroulèrent. Sur l'ordre de Yahveh une foule silencieuse, précédée des prêtres portant l'arche d'alliance, faisait chaque jour le tour de la ville au son des trompettes. Le septième jour, Yahveh dit à Josué : « Vous ferez sept fois le tour de la ville, les prêtres sonneront des trompettes. Quand ils sonneront de la corne retentissante et que vous entendrez le son de la trompette, tout le peuple poussera une grande clameur et le mur de la ville s'écroulera. » Sous l'effet des vibrations, les épaisses murailles s'effondrèrent ; la ville fut mise à sac et brûlée.

Aux frontières de l'Himalaya, dans les monastères construits par les réfugiés tibétains, nous avons constaté l'extraordinaire résonance de très anciens instruments à percussion, sauvés par les moines lors de leur fuite devant l'avance des troupes chinoises. Les vibrations de certains tambours provoquaient un ébranlement, un choc à l'estomac, insupportables pour la majorité des visiteurs étrangers. Les tambours de fabrication récente ne produisaient aucun trouble.

Conception de la mort chez les Egyptiens.

Les Egyptiens voyaient la mort comme un arrêt de la conscience, du souffle vital moteur qui interrompait la vie des hommes, entraînait la destruction des corps et, de ce fait, l'espoir de toute survie si l'on n'empêchait pas rapidement leur décomposition par la momification. Cette précaution prise, avec l'aide de la magie, le mort commençait dans sa tombe une vie nouvelle.

Nous ne pouvons poursuivre plus avant, sans étudier la conception très complexe de l'âme chez les Egyptiens. L'âme se divise selon les auteurs en trois, quatre, six ou neuf parties différentes, d'où des contradictions. Résumons l'essentiel.

Le KA sorte de génie protecteur pendant la vie et après la mort, attaché au corps, puis à la momie qu'il quitte et rejoint à volonté, force attractive qui fixe l'incarnation, il est l'énergie vitale dans la matière. Projection à l'image parfaite de l'individu, son DOUBLE impérissable, bien que spirituel et invisible, le KA a besoin de nourriture, ce qui explique les offrandes de pains, de victuailles dans les tombeaux.

Une autre partie primordiale de l'âme, le BA, esprit, vibration, onde, émanation d'origine divine ou cosmique, correspond au souffle qui donne la vie. Sous la forme d'un oiseau à tête humaine à la ressemblance du mort, on le voit sur les fresques des tombes, planant au-dessus du corps, volant dans la tombe (fig. 20) ou perché sur le sycomore.

L'oiseau Bennou symbolisait l'âme de Rê, d'Osiris, et la résurrection, aussi figure-t-il sur les vignettes des *Livres des Morts,* accompagnant le défunt purifié vers les « champs des bienheureux ».

Revenons à la tombe où repose le corps sauvé de la destruction par l'embaumement, condition essentielle de survie, car il fixe les composants de l'âme qui, nous l'avons vu, peuvent se dissocier des parties matérielles du corps. Cette conception remonte aux époques prédynastiques. Le défunt, au fond du puits de son tombeau souterrain, s'y trouve comme dans sa maison. Son âme en sort sous l'aspect d'un oiseau, généralement d'un faucon. Si son culte et les offrandes indispensables au KA sont entretenues régulièrement, il continuera pour l'éternité cette vie assurément assez terne, mais calme et tranquille.

Très tôt, avec le culte d'Osiris, le champ d'action du mort s'élargit. La tombe au début modeste, comprend pour les rois plusieurs salles, où s'entassent ses richesses. Puis les offrandes en nature devenant coûteuses et risquant de manquer, la magie intervient pour apporter aux rois, et au simple citoyen qui a pu s'offrir une tombe et l'embaumement toujours indispensable, toutes les joies

Fig. 20. — L'âme-oiseau BA, au-dessus du corps du défunt.

terrestres. Elles sont peintes sur les murs du tombeau et reflètent les moments les plus heureux de la vie du défunt. Les nourritures, les victuailles ainsi reproduites, par la vertu de la magie, remplissent les mêmes fonctions que les réelles, de même pour les statuettes des « répondants », images des serviteurs.

« O toi, Figurine magique, écoute-moi !
Si je suis condamné à exécuter des travaux de toute sorte...
Apprends que c'est toi qui seras condamnée à ma place...
A ensemencer les champs,
A remplir d'eau les canaux...
La Figurine répond : — Me voici... J'attends tes ordres... »

Livre des Morts — chapitre VI.

La nuit, le défunt monte dans la barque solaire qui le conduit au paradis d'Osiris, dans le « champ des bienheureux ». Il goûte ainsi éternellement dans la mort les joies terrestres et célestes.

Secrets de la momification et vie éternelle.

La félicité dans la tombe demeure extrêmement précaire, fragile ; elle dépend de la CONSERVATION INTACTE DE LA MOMIE, puisque le corps non désagrégé peut seul retenir prisonniers les éléments de l'âme et ainsi vaincre la mort.

Or les tombeaux, malgré les peines et malédictions encourues par les voleurs, sont tous violés, même ceux des pharaons pourtant si bien dissimulés et défendus.

Les momies arrachées de leurs sarcophages, dépouillées de leur bandelettes où se glissent de précieuses amulettes, sont généralement vouées, après le pillage, à la destruction totale. De plus, un autre danger les menace, il dépend de l'exécution de l'embaumement, plus ou moins bien fait.

Aux origines, la momification des corps s'effectuait naturellement, directement au contact du sable chaud du désert. Dès la première dynastie, la mise des corps dans des tombes perfectionnées et maçonnées, mais aussi plus humides, en favorise la décomposition, d'où la nécessité de l'embaumement, qui atteint la perfection à la XVIIe dynastie.

Le cadavre, vidé de ses viscères — placés dans les quatre vases canopes, sous la protection des quatre fils d'Horus — recousu, bourré d'ingrédients, macère pendant soixante-dix jours dans un bain de natron. Puis lavé, parfumé, il est enveloppé de bandelettes aromatisées, dans lesquelles on glisse des amulettes et des formules magiques de protection.

Tout le monde a vu de ces momies. Les plus parfaites, telles celles de Séti Ier et Ramsès II, aux cheveux rares, à la peau desséchée, noirâtre, collée au squelette, conservent encore une certaine grandeur ; les milliers d'autres sont horribles. La momification, originellement réservée aux pharaons et aux grands prêtres, mise à la portée de tous vers 2 500 avant J.-C., se fait alors par des procédés plus rapides, mais aussi moins efficaces et moins durables. Les Ptolémées, malgré leur titre de roi, sont plongés à leur mort dans du bitume bouillant ; moyen expéditif et économique. Cela laisse deviner ce qui se passe pour le commun des mortels. Les embaumeurs dépècent les cadavres, vendent les graisses fondues, se livrent à de répugnantes besognes.

Après ces affreuses cuisines, les corps ne présentent plus l'état d'intégrité de conservation durable pour l'éternité, exigé par les premières croyances. Les Egyptiens n'ignorent pas que la destruction de la momie a pour conséquence atroce la seconde mort, cette fois définitive, causant la fin de la vie douillette dans la tombe et les voyages de l'AME-OISEAU dans le temps et l'espace.

Ce terrible danger et de nouvelles aspirations, élargissent les conceptions religieuses solaire et osirienne maintenues depuis la préhistoire ; elles offrent aux défunts la possibilité, une fois justifiés, purifiés, de bénéficier d'un bonheur éternel dans le paradis cosmique d'Osiris, les « champs Elysées » des Grecs. Cette croyance permet d'échapper à l'obligation, pour l'âme, de retourner dans son sépulcre avec ses aléas, et rend la momification inutile. Cependant, malgré la merveilleuse possibilité ainsi offerte, les Egyptiens désirent revenir sur Terre, réintégrer leur corps. Au cours de leur longue histoire, ils continuent à embaumer les morts et ne changent à peu près rien à leur culte.

Comment expliquer pareille continuité et le refus de se libérer totalement des contingences terrestres ?

Premièrement, par ce qui caractérise l'Egyptien de ces époques, son attachement aux biens matériels, à la vie, près de son Nil bien-aimé qu'il ne se résout pas à quitter.

Secondement et surtout, par le SOUVENIR inconscient, profond, toujours vivace, d'un passé où la mort était vaincue. Souvenir venu du temps où les dieux IMMORTELS régnaient sur la Terre. Osiris, dieu bon, accepte, en devenant mortel, de vivre avec les hommes pour les aider, les guider. Il est le premier roi-dieu qui connaît la mort. On sait comment, son corps reconstitué, il ressuscite grâce à la magie de Thot et d'Isis.

Si la magie, pratiquée depuis la préhistoire, correspond à sa réputation, TOUT EST POSSIBLE. Il n'y a aucune limite à sa puissance. Conserver un corps, le rendre immortel, est un des pouvoirs que donne la lecture des livres du dieu Ibis-Thot. On y trouve écrit : « Si tu lis la seconde formule, encore que tu sois dans la tombe, tu reprendras la forme que tu avais sur Terre ; même tu verras le Soleil se levant au ciel avec son cycle de dieux » (formules 1 et 2, traduction d'après Maspéro).

On relève dans le *Livre des Morts :*

Je suis l'Aujourd'hui.
Je suis l'Hier.
Je suis le Demain.
A travers mes nombreuses Naissances
Je reste jeune et vigoureux...
La science cachée, je l'ai atteinte !...

Si le défunt a appris les paroles magiques ou les a fait inscrire sur son cercueil, « il pourra sortir vers la pleine lumière du Jour ; il pourra parcourir la Terre en se mêlant aux vivants, et ses possibilités physiques ne subiront aucune diminution, éternellement. »

Toute momification s'accompagne d'un rituel magique, et les inscriptions des sarcophages, les rouleaux de papyrus trouvés dans les tombes portent les formules qui retarderont indéfiniment la vraie mort. Or de même que l'embaumement, les textes dits des Pyramides, ceux de l'Ancien Empire et du *Livre des Morts,* gardés jalousement à l'origine par les grands prêtres, sont mis, vers 2 000 avant J.-C., à la portée de chacun, mais on oublie qu'ils ont alors perdu leur sens réel et secret. Les formules ne conservent de valable que l'espoir d'éternité qu'elles font toujours naître.

Même à l'époque de Moïse, les mystères relatifs à la mort ne se communiquent plus. Pourtant, on n'hésite pas à graver sur les murs des temples, au grand jour, les formules, les messages les plus sacrés, tel plus tard le secret des alchimistes, sculpté dès le porche des cathédrales, comme à Notre-Dame de Paris, mais qu'il faut pouvoir décrypter.

Pour retrouver la véritable signification des textes sacrés hiéroglyphiques, il est nécessaire de la rechercher dans les inscriptions et manuscrits les plus anciens. Les initiés inscrivent des repères que seuls saisissent ceux qui y sont préparés. Un signe anormalement placé, un déterminatif spécialement choisi alertent, puis précisent le sens ésotérique sous la phrase d'apparence anodine. Plus tard, abandonnés à leur seule initiative, sans surveillance, les scribes, en recopiant, rétablissent ce qui les choque, ne comprenant pas l'emplacement de tel ou tel signe. Puis arrive un moment où nombre d'entre eux, illettrés, pour répondre à des effets esthétiques ou au gré de leur fantaisie, mutilent les textes, déplacent et groupent différemment les caractères d'origine. Dans ces conditions, on s'explique la difficulté des traductions, et combien la teneur des écrits s'est altérée, rendant totalement inefficaces les formules magiques réservées, rappelons-le, aux seuls connaissants.

Plusieurs messages du *Livre des Morts* n'ont aucun sens en langage courant. Aussi les qualifiait-on, il y a seulement un demi-siècle, de « tas d'insanités et de niaiseries ».

Si rationnel que l'on soit, il serait ridicule de nier, même de nos jours, l'existence de la magie et de ses redoutables pouvoirs. Pendant la dernière guerre, les Allemands recherchèrent activement les vieux livres et grimoires traitant de ce sujet et de l'alchimie.

La magie égyptienne a donc certainement joué un rôle dans la survie du corps. Elle y tenait l'âme enchaînée, reculant la mort vraie. Cela explique la continuité de l'embaumement du corps, malgré ses risques, tout devant être tenté pour échapper à une mort rapide, définitive.

Nous proposons aussi pour explication un autre souvenir. Nous en avons parlé au chapitre VII, à propos de Lascaux et de la scène du puits avec l'homme-oiseau. Elle se trouve reproduite, dans un art différent, des milliers de fois sur les papyrus, les illustrations du *Livre des Morts*, sur les sarcophages et les fresques des tombeaux.

On représente le défunt ou son ombre, étendu, figé. L'âme-oiseau à sa ressemblance plane au-dessus de lui, l'entoure de ses ailes, vole dans un paysage idyllique peint sur les murs de la tombe. Ce qui, il y a 18 000 ans, se passait dans la partie la moins accessible de la grotte initiatique, se renouvelle dans le secret des temples, dans les lieux qui de tout temps restèrent interdits, même aux prêtres qui ne possédaient pas le degré suffisant de connaissance.

Le dernier acte de l'initiation totale mène l'adepte particulièrement doué à l'épreuve du « passage par la mort et la résurrection » afin que, dès cette vie, il bénéficie de la lumière d'Osiris. Conduit au fond d'un tombeau, il s'allonge dans un sarcophage de marbre, où les prêtres l'abandonnent, seul, au sein des épaisses ténèbres. Raidi, glacé, il tombe en extase. Son double éthérique se détache de son corps. Le *Livre des Morts* décrit ce qu'il éprouve dans cet état. On reconnaît le processus du dédoublement :

A l'égal d'un grand Faucon d'Or
Qui sort de son Œuf,
Je prends mon envol vers le Ciel...
Voici que la lumière se fait, éblouissante...
Voici que j'accomplis mes voyages. J'entre et je sors...
Mon âme parcourt l'Au-delà selon sa fantaisie.

Assurément, l'adepte vient de faire l'expérience du dédoublement. Quand il se réveille « ressuscité », il est un Initié. Tout au long du livre dont la traduction exacte du titre est *Livre de la sortie au jour,* on assiste aux éblouissements, aux explosions d'orgueil, de joie délirante, de ceux qui, par la magie ou le dédoublement, deviennent les égaux des dieux.

Le grand prêtre, lui, atteint au dédoublement supérieur. Quand on sait les immenses possibilités qu'il confère, on comprend que le souvenir s'en soit gardé impérissable.

Voyons comment ce souvenir se perpétua.

Prenons l'exemple le plus spectaculaire, celui d'un grand prêtre malade ou vieillissant, tout puissant dans les temples et à la cour du pharaon. Chacun peut constater sa faiblesse. De par sa qualité, il a le moyen de guérir et de rajeunir en utilisant le dédoublement supérieur. Pour cela il doit s'entourer des précautions que nous avons déjà citées. Ici, elles se traduisent par des recommandations précises et le respect d'ordres stricts. Citons :

> Nul ne peut pénétrer, sauf un ou deux assesseurs, dans le lieu où le grand prêtre s'isole pour son expérience.
> Le silence total est de rigueur.
> Nul ne doit toucher son corps, bien qu'il prenne l'apparence d'un mort.
> Nul ne doit déplacer la couche sur laquelle il repose.
> Toute indiscrétion est punie de mort.

Ces mystères, et leurs résultats miraculeux qui font d'un vieillard ou d'un malade un homme rayonnant de vie, de forces nouvelles indestructibles, ne manquent pas de frapper l'entourage et le bruit s'en répand jusqu'au peuple.

Par la suite, les prodigieux effets de survie obtenus

par le dédoublement, se cristallisèrent en un souvenir qui ne retint que l'aspect extérieur des expériences. Celui de corps ayant l'APPARENCE de cadavre, mais qui respectés, CONSERVÉS INTACTS, retenaient l'âme prisonnière retardant ainsi la mort éternellement. D'ailleurs, les Egyptiens la définissaient « une suspension de vie apparente et momentanée », ce qui correspond exactement à l'aspect d'une personne en état de dédoublement.

Plus tard la magie prépondérante, accessible à un plus grand nombre de prêtres, s'impose et veille à la conservation indispensable des corps.

La momification, dans les deux cas, ne présente donc que l'aspect d'un SOUVENIR DÉTÉRIORÉ, inefficace et lamentable, de connaissances perdues, qui permettaient aux Initiés de vaincre ce que les Egyptiens craignaient le plus : la mort.

12

MÉSOPOTAMIE ET DIVINITÉS AILÉES

La Mésopotamie, il y a 6 000 ans.

Coexistant avec l'égyptienne, une autre grande civilisation à écriture se développe en Mésopotamie. Elle apparaît avec les Sumériens dont on ne sait d'où ils viennent et surgit, elle aussi, toute formée, au IVe siècle avant J.-C., sans qu'on puisse établir irréfutablement les étapes successives de son évolution.

La Mésopotamie, dont le nom donné par les Grecs signifie « entre les deux fleuves », le Tigre et l'Euphrate, terre du « Croissant fertile », voit s'épanouir sur son sol, propre à la sédentarisation, de nombreuses civilisations où, pendant des milliers d'années, les peuples se heurtent, se déchirent, se mêlent. Malgré les luttes et les destructions, l'évolution continue avec des sommets brillants, des reculs, jusqu'à la chute définitive, au début de l'ère chrétienne.

Au paléolithique, les hommes se déplaçaient en quête de gibier. Au néolithique, ils ne le cherchent plus ; ce sont les terres riches et fertiles qui les intéressent pour s'y installer, se fixer. Les premiers, les Sumériens envahissent la verdoyante Mésopotamie où la Bible place le paradis terrestre. Par la suite, entourée de steppes arides et désertiques habitées de nomades, elle ne tarde pas à attirer leur convoitise et connaît l'horreur d'incessantes invasions venues de ses frontières. Cela crée un brassage de races qui donne lieu à un polythéisme où démons et dieux ailés jouent un rôle prépondérant. Les hommes sont leurs jouets et vivent dans la crainte des uns et des autres.

Démons et divinités ailés.

Les démons méchants, vindicatifs, volent, et ni portes ni murs ne les arrêtent. Leurs principales occupations consistent à harceler et tourmenter les humains. Tous portent des AILES ou des ATTRIBUTS D'OISEAUX. Lors des fouilles effectuées en Assyrie au XIXe siècle, Austen Layard découvrit à Nimroud deux magnifiques lions ailés à tête d'homme qui veillaient à l'entrée du palais d'Ashurnasipal II, représentation de Nergal, symbole de la planète Mars et dieu babylonien des enfers.

Enkudu, au corps de taureau ailé et à tête d'homme, se reconnaît facilement sous sa forme de gardien de temple.

Le portier des Enfers a une tête de lion et des pieds en pattes d'oiseau.

Au Louvre, on peut voir une statuette de Pazuzu, démon ailé des vents du sud, « fils du roi des mauvais esprits de l'air ».

Livrés aux démons, les peuples supportent de plus, tout au long de leur histoire, les fantaisies, les rigueurs de dieux exigeants et tyranniques conçus comme des humains dont ils gardent la forme et aussi les qualités et les défauts. Ils volent, se déplacent sur trois plans, des Cieux à la Terre et aux enfers.

Voici l'histoire du berger Etana, bon et fidèle. Bien que choisi comme souverain par le dieu Enlil qui couronne les rois, et Ishtar, déesse de la fécondité, il disparaîtra tragiquement, trahi par eux en cherchant la plante qui rendra sa femme féconde.

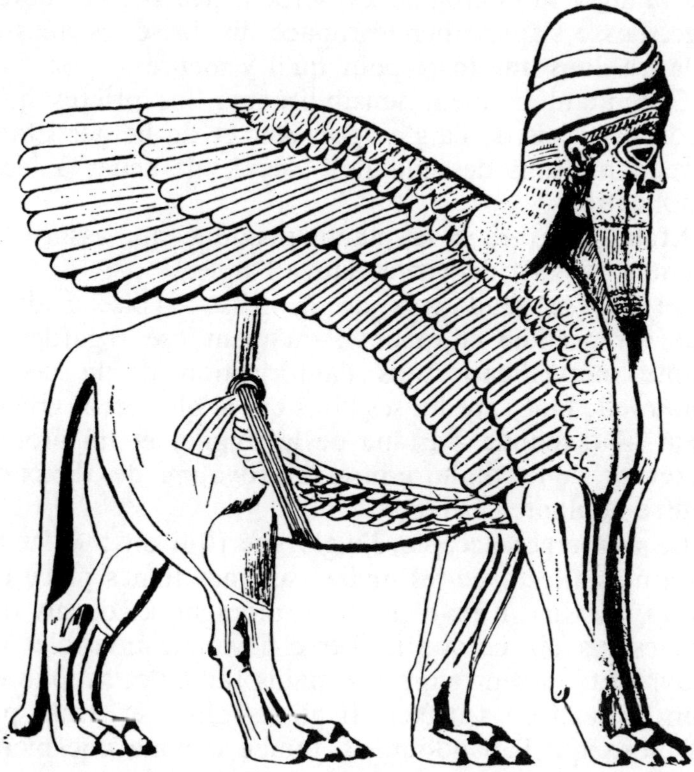

Fig. 21. — Nergal, lion ailé qui veillait à l'entrée des temples et dieu babylonien des Enfers.

En ce temps-là, un même arbre porte, à son pied, le nid du serpent et, à son sommet, celui de l'aigle. Tous deux, en amis, protègent les nichées.

Quand l'aigle voit ses aiglons prêts à prendre leur vol, il juge que l'aide du reptile devient inutile et, oubliant leur amitié, il dévore ses petits.

Le serpent ainsi trompé s'adresse au « dieu de justice », qui lui conseille de se dissimuler dans le cadavre d'un buffle et de se jeter sur l'aigle quand il viendra manger la charogne. Le serpent accepte ce subterfuge, laisse s'approcher le rapace, lui brise les ailes et le lance dans une fosse pour qu'il y meure.

Cependant le dieu, sensibilisé par les prières qu'il reçoit à la fois de l'aigle agonisant et du berger Etana devenu roi sans descendance, décide de céder à leurs supplications.

Etana trouvera « la plante magique qui assure les naissances » s'il délivre et sauve l'aigle.

Le roi se rend près de la fosse ; l'oiseau dissimule sa perfidie et raconte, qu'ayant osé regarder la plante merveilleuse sans l'autorisation de la déesse Ishtar, elle lança sur lui ses lions qui le blessèrent grièvement. Il demande à Etana de le soigner et lui promet en retour, de le conduire jusqu'au royaume des dieux où pousse la plante désirée.

Le roi-berger accepte, l'aigle guéri lui dit : « Tiens-toi à mes ailes avec tes mains, sur mes flancs place tes flancs, je vais m'envoler. » Ils montent au-dessus des nuages jusqu'à ce que la Terre devienne invisible. Le pauvre Etana sent alors ses mains faiblir et supplie en vain l'oiseau de s'arrêter. Il glisse, glisse et, trahi par les dieux qui l'abandonnent, tombe comme une pierre dans la mer.

Au cours des invasions, les dieux changent, se transforment ; les uns disparaissent, d'autres assimilent ou absorbent ceux des vainqueurs. Les anciennes divinités sumériennes marquent toutes les civilisations qui suivront.

La déesse Ishtar souvent ailée, fille du dieu-Lune, supplante, à l'époque sumérienne, Inanna puis les autres divinités féminines. Déesse guerrière en Assyrie, mais aussi de l'amour et de la fécondité, à ce titre ses temples deviendront des lieux de prostitution sacrée.

A Babylone, somptueuse capitale dont les jardins suspendus comptent parmi les sept merveilles du monde, Ishtar donne son nom à la Porte du Nord, qu'une excellente reconstitution récente permet d'admirer dans toute sa beauté, avec ses briques émaillées et ses animaux symboliques.

Les envahisseurs assyriens conservent le savoir et la religion des Suméro-Babyloniens. Ashur, leur principal dieu, devient le souverain de toutes les divinités, le protecteur des rois. Il figure sur les monuments dans un CERCLE AILÉ qui a fait penser à une machine volante. Dieu des victoires, il tient parfois un trident ou un arc. Pour lui plaire, les Assyriens passent « comme un ouragan », sèment la mort, pillent, brûlent, massacrent, torturent, ne laissant que cendres derrière eux. Leur approche frappe de terreur populations et armées. Des récits nous sont parvenus. Ils lacèrent « les ventres des mères, percent le corps des enfants, coupent les têtes des monarques et des vaincus, en font des amoncellements. La fumée des incendies et des bûchers couvre la face du Ciel... Malheur à ceux qui pèchent contre Ashur ».

Les dieux portent une sorte de tiare à cornes, signe de puissance, surmontée souvent d'une couronne de plumes qui signifie vérité. Censés habiter les astres, ils possèdent chacun une étoile ou un symbole qui les remplace sur les sceaux et les cylindres. Celui du dieu-Lune Sin est le croissant en forme de barque et de cornes.

Un disque ailé ou une étoile à quatre branches avec des rayons ondulés, sorte de vibrations, désignent Shamash le Soleil. Personnifié il parcoure le ciel d'est en ouest, du levant au couchant, sur son char attelé de chevaux blancs ailés. Ea, dieu des eaux, s'attribue l'étoile du Poisson, Enlil la Terre, la Grande Ourse ; Nergal, roi des enfers, la planète Mars, et la déesse Ishtar celle de Vénus, représentée par une étoile à huit branches.

Oiseaux mythiques.

Le vautour Ninurta fut adoré à Nimroud en tant que dieu de la guerre, de la chasse et des tempêtes. L'oiseau Anzu vola à Enlil les tablettes du destin des dieux et des hommes.

L'aigle se présente sous diverses formes : normale, bicéphale, avec un corps d'homme et sous le nom d'Imdugud avec une tête de lion.

L'aigle géant sumérien, dieu du vent, déchaîne les tempêtes par le battement de ses ailes. Ce symbole se perpétuera dans de nombreuses mythologies et jusqu'aux Amériques.

On mentionne Nisroch, dieu à tête d'aigle (fig. 22), dans la Bible au Deuxième Livre des Rois (chap. XIX, 36-37). Sennacherib, roi d'Assyrie, fut assassiné par ses fils dans son temple : « Comme il était prosterné dans la maison de Nisroch, son dieu... ses fils le frappèrent de l'épée et s'enfuirent au pays d'Ararat. »

Depuis les Mèdes et pendant toute la dynastie des Achéménides dont Cyrus est le fondateur, l'aigle symbolise la victoire et la domination. D'après Xénophon, lorsque Cyrus va attaquer les Assyriens, un aigle survole ses armées. Ce présage, jugé favorable, galvanise ses guerriers qui sortent vainqueurs de la bataille. Aussi un aigle d'or figurait sur les étendards et les drapeaux de la Perse.

Autre oiseau légendaire dans l'ancienne Perse : le Homa qui vit dans les sphères célestes. De caractère divin, plein d'abnégation, il se nourrit des os abandonnés par les autres animaux, afin de ne pas risquer de prendre leur nourriture. Protecteur des humains, dispensateur de biens et de gloire, ceux à qui il donne une de ses plumes peuvent, grâce à elle, l'appeler à leur secours. Bénéfique à tous, devenu une sorte de porte-bonheur, il figure toujours en Iran, gravé ou sculpté sur le mobilier.

Fig. 22. — *Assyrie.* Nisroch, dieu démon à tête d'aigle mentionné dans la Bible.

Nous avons reconnu le beau profil du Homa sur la dérive des Jet et Boeing d'Iran-Air, et à Persépolis, parmi les chapiteaux qui gisent sur le sol (hors-texte), parfaitement sculpté dans la pierre, tel que l'imaginaient les Perses, il y a plus de deux mille ans.

Enfin, des vêtements porteurs d'ailes recouvrent les

défunts, des oiseaux accompagnent leurs âmes vers le royaume des morts, où ils sont condamnés à demeurer pour l'éternité, dans une morne parodie de la vie terrestre. Ceux qui n'ont pas reçu de sépulture et à qui personne ne rend un culte, mangeront « les ordures des plats que l'on jette dans la rue » du sombre séjour.

Triste croyance, qui ne laisse aucun espoir de survie aux Mésopotamiens et ce, jusqu'à Zoroastre, qui transformera cette désolante religion vers le IXe siècle avant J.-C.

Les prêtres.

Dans un monde où des centaines de dieux et démons dominent la vie des peuples — nous n'avons cité que les principaux — les prêtres prennent une grande importance. On s'adresse à eux à la fois pour limiter les effets néfastes des démons, éviter la colère des divinités et s'attirer leur protection.

Les prêtres, devins et exorciseurs, forment la classe cultivée. Chargés de conjurer le mauvais sort et prévoir l'avenir, ils augurent d'après l'examen du foie des animaux, les battements d'ailes des oiseaux, la direction du vol des hiboux et plus particulièrement par l'observation constante des astres dont ils notent les mouvements. Ils acquièrent une parfaite connaissance du Ciel, utilisée dans un but divinatoire et astrologique, qui aura pour conséquence la création d'une science véritable, l'ASTRONOMIE.

Sur les indications des prêtres, les souverains édifient et veillent à l'entretien des temples ou ziggourats. Celles-ci dominent les villes de leurs SEPT étages ou degrés à franchir pour atteindre le Ciel et les divinités.

Bâtie en briques crues séchées au soleil comme les autres monuments de l'époque, avec des murs très épais recouverts d'un revêtement extérieur en briques cuites, celle de Tchoga-Zambil, dans la plaine d'Elam, en Iran actuel, bien qu'en ruine, donne une idée de l'architecture imposante de ces édifices en escalier qui, comme les pyramides à degrés, les temples à étages, symbolisent l'ascension, la montée vers la connaissance, tout en permettant aux divinités de descendre sur la Terre quand elles le désirent, en les utilisant.

Au sommet des ziggourats s'élevait un petit temple réservé au dieu. Celui de Mardouk contenait sa statue en or massif pesant des tonnes. Les tablettes recouvertes d'écriture cunéiforme le glorifient comme le « roi de tous les dieux et de tous les rois ».

La tour de Babel, la plus célèbre des ziggourats, a dû atteindre 90 mètres, hauteur considérable pour l'époque. D'après la Genèse, à l'origine tous les Terriens « parlaient une seule langue », avec les mêmes mots. « Etant partis de l'Orient, les hommes ... se dirent entre eux : " Allons, faisons des briques, cuisons-les au feu ... Bâtissons-nous une ville et une tour dont le sommet soit dans le Ciel ". »

On sait comment, d'après la Bible, Yahveh, voyant grandir cette tour, symbole de l'orgueil des hommes, sème la confusion parmi eux « de sorte qu'ils n'entendent plus le langage des uns et des autres », c'est-à dire la langue universelle dite des oiseaux comprise primitivement par tous.

Historiquement, durant 1 500 ans, la tour de Babel connaît les mêmes moments de gloire et de vicissitude que Babylone, construite, démolie, rebâtie sous la surveillance des prêtres, toujours plus belle et plus haute, mais jamais terminée.

Au ve siècle avant J.-C., Xerxès par le sang et le feu met fin à la splendeur de Babylone et la tour est arasée.

De nos jours, il n'en subsiste rien. Grande fut notre

déception en constatant que de la tour il ne reste que l'emplacement, un large trou et quelques petits monticules. Cependant, près de là, les murs de Babylone, dégagés de dessous les tells qui les écrasaient sous des tonnes de sable, nous payaient de nos peines. La voie processionnelle, avec ses sculptures en ronde bosse de lions, taureaux et dragons de Mardouk, s'offrait à nous, pleine d'évocations.

Les fouilles continuent à mettre au jour les villes disparues de l'antique Mésopotamie. Les milliers de tablettes cunéiformes retrouvées font revivre les grandes civilisations que les sables du désert avaient recouvertes du linceul de l'oubli.

Sous les coups de Cyrus, la Mésopotamie chaldéenne perd son indépendance et tombe sous la domination perse dont la puissance, avec Darius Ier, couvre un immense empire de l'Inde à l'Europe. Les magnifiques sculptures des ruines de Persépolis montrent cette puissance avec les files de prisonniers, de dignitaires, de représentants des peuples qui viennent payer leurs tributs. Elle prend fin après la victoire d'Alexandre le Grand, vers 331 av. J.-C.

La religion perse plaçait au-dessus de tous les dieux Ahura-Mazda représenté à Persépolis et ailleurs dans un SOLEIL AILÉ. Zoroastre voudra en faire un dieu unique, créateur des ANGES que nous allons étudier au chapitre suivant.

13

MAZDÉISME ET ANGÉLOLOGIE

Zoroastre et le mazdéisme.

Les anges, porteurs d'ailes, ne peuvent dans ce livre être oubliés car, ainsi que l'écrivait Dante, ils sont « les oiseaux de Dieu ». Selon la tradition mazdéenne, ils furent engendrés par Ahura-Mazda ou Ormuzd, dieu bon, unique, créateur des mondes. Vers 1000, ou 600 avant J.-C., Zoroastre, Zarathoustra en persan, reçoit de ce dieu la révélation et les doctrines du mazdéisme, aux lois consignées dans le *Zend-Avesta,* le livre sacré des Parsis de l'Inde qui pratiquent toujours cette religion. Partie de l'ancienne Perse, elle marque de son influence les judéo-chrétiens et les musulmans.

Ahura-Mazda, souvent représenté dans un DISQUE AILÉ (hors-texte), tient à la main un cordeau, car il est le grand architecte de l'Univers. A Persépolis, il domine sous cet aspect les trônes des puissants souverains perses et leurs tombeaux creusés dans les falaises de Naqsh-I-Rustan. En son honneur, une flamme perpétuellement entretenue brûle dans les temples et les autels du feu.

Ahura-Mazda, seigneur de sagesse et de lumière, lutte contre Ahriman, le dieu ténébreux et mauvais qui veut la chute des âmes. Cette religion dualiste n'est pas sans espérance. L'homme dispose de son libre arbitre. A lui de choisir entre les deux principes, le Bien et le Mal. Ses actes sont répertoriés, il devra en répondre. A sa mort, son âme passe le redoutable pont Chinvat, le « pont du comptable », qui joue le rôle de la balance dans la pesée des âmes.

A l'aube du quatrième jour qui suit la mort, l'âme se présente à l'entrée du pont, dans l'aurore rayonnante, symbole d'immortalité. Sur le pont, l'âme humaine voit son Moi préexistant, son âme céleste, sous la forme d'un ange qui lui tend les bras. Elle aspire à rejoindre cette autre partie d'elle-même qui lui ouvrira les portes du Ciel, mais ici, elle doit rendre compte de son existence terrestre. L'âme pure passe facilement et s'envole avec son ange. Pour l'impure, à mesure qu'elle avance, le pont s'amenuise, jusqu'à devenir fin comme un cheveu, causant sa chute dans les enfers. Si les bonnes et mauvaises actions s'équilibrent, l'âme va au purgatoire.

Lorsque le Bien aura définitivement vaincu le Mal et que le « Royaume de Dieu » régnera sur la Terre, les âmes résideront au paradis dans les chants et la lumière, près d'Ormuzd et des anges.

Ce coup d'œil sur le mazdéisme suffit à montrer combien le christianisme en dérive directement.

Angélologie

Zarathoustra enseignait que, dans son paradis, Ahura-Mazda s'entourait d'anges, intelligences et énergies agissantes, émanations lumineuses de la divinité, êtres immatériels entièrement à son service.

Le judaïsme, le christianisme et l'islam s'inspirèrent de cet angélologie en lui faisant perdre une partie de son caractère cosmique, bien que saint Thomas d'Aquin voie dans les anges « les âmes des orbes » qui dirigent les mouvements des astres et des étoiles dans l'Univers sans bornes. Dans ces religions, les anges demeurent les instruments et l'expression de la volonté de Dieu. Ils forment la cour du roi du Ciel, Dieu, et sont ses serviteurs, ses gardiens, ses justiciers, ses intermédiaires et messagers auprès des humains. La Bible les fait intervenir constamment, depuis Adam et Eve qu'un ange à l'épée flamboyante chasse du paradis terrestre, jusqu'au Jugement dernier. Protecteurs des hommes, chacun a son ange gardien, invisible et fidèle compagnon. Les Fravartis du mazdéisme, entités féminines, jouent le même rôle.

Comment figurer les anges, purs esprits immatériels ?

Les artistes chrétiens, moins influencés par les génies de la Perse que par les victoires ailées des Grecs et des Romains, résolurent le problème en empruntant à ces dernières leur aspect humain, mais à cette différence que les anges sont le plus souvent masculins. Ils gardèrent leurs ailes, seul moyen d'exprimer l'idée de vol, de déplacement dans l'espace, possibilités qui caractérisent ces messagers célestes. Généralement conçus comme de jeunes adolescents blonds pour évoquer la lumière — les démons ont les cheveux noirs — leurs vêtements varient selon les pays et les époques. Primitivement habillés d'une simple tunique blanche, immaculée, symbole de pureté, ils se couvrirent parfois de plumes à la fin du Moyen Age pour ressembler à des oiseaux. Dans l'empire byzantin, ils portèrent les somptueux costumes brodés d'or à la mode de la cour impériale.

Les angelots, petits enfants ailés, nus, potelés, fréquents dans l'iconographie chrétienne occidentale, inspirés des petits génies, Amours et Eros païens gréco-romains, se réduisent parfois à des têtes ailées qui symbolisent au mieux des intelligences, de purs esprits.

Hiérarchies célestes.

Les hiérarchies célestes s'établissent sur le modèle des terrestres et des cours orientales. Dieu étant le roi du Ciel, tous les anges sont à ses ordres, mais ne sont pas égaux. Pris dans leur ensemble, anonymes et innombrables, la Bible dit « mille milliers... myriades de myriades », cette multitude occupe la dernière place. Denis l'Aréopagite, initié par saint Paul, classe les anges en neuf chœurs divisés en trois groupes de trois ordres. Voyons cette hiérarchie, particulièrement du point de vue chrétien.

Séraphins et chérubins.

Au-dessus des anges, les séraphins et les chérubins, inspirés des génies babyloniens, veillent autour du trône de Dieu, baignent dans sa lumière, bénéficient directement de ses dons.

Les séraphins figurent au premier plan. Leur nom signifie en hébreu les Brûlants, car ils consument le péché, purifient par le feu et apportent l'illumination. Isaïe (VI, 2, 6) les dépeint parfaitement. Ils ont six ailes, deux pour se couvrir la face, deux pour les pieds et deux pour voler. Il précise : « L'un des séraphins vola vers moi tenant à la main un charbon ardent... Il en toucha ma bouche et dit : “ Vois, ceci a touché tes lèvres ; ton iniquité est enlevée et ton péché expié. ” »

Dans l'iconographie chrétienne, les séraphins participent à la décoration des sanctuaires. Leurs ailes portent des yeux, symboles d'omniscience (fig. 23).

Les chérubins, seconds dans l'ordre hiérarchique, possèdent quatre ailes. Ils jouent souvent le rôle des gardiens anthropomorphes des temples de l'ancienne Perse. En tant que protecteurs, ils figuraient sur l'arche d'alliance des Hébreux, placée dans le Saint des Saints du temple de Jérusalem. Ils furent façonnés sur les directives que Yahvé donna à Moïse (Exode, XXV) : « Tu feras deux chérubins d'or... aux deux extrémités du propitiatoire... leurs ailes déployées vers le haut... ils se feront face l'un à l'autre... Tu mettras le propitiatoire au-dessus de l'arche et dans l'arche le témoignage que je te donnerai. » Le propitiatoire ou couvercle en or massif couvrait l'arche, sorte de coffre sacré, qui contenait les tables de la Loi, la verge ou bâton d'Aaron et un vase rempli de la « manne », cette substance blanche miraculeuse, à goût de « gâteau de miel », que Dieu fit tomber du ciel pour nourrir les Hébreux dans le désert de Sin, après le passage de la mer Rouge.

Marque de la protection divine, les Hébreux l'emportaient avec eux dans leurs voyages et expéditions guerrières.

Quelle terrible et mystérieuse puissance recélait cette arche ? Lors de son transport vers le palais de David, elle faillit tomber. L'un des prêtres se précipita pour la retenir, la toucha et tomba foudroyé. Par la suite, on ignore ce qu'elle devint. Quand Pompée, le conquérant romain, pénétra dans le temple de Jérusalem pour s'en emparer, elle avait disparu. Elle devrait réapparaître lors d'un cycle ou d'un monde nouveau.

Fig. 23. — Séraphin aux six ailes constellées d'yeux, symboles de la croissance universelle.

Les archanges.

D'après l'Avesta, la bible des Zoroastriens, les archanges, « Puissances de lumière », au nombre de sept, se répartissent en deux groupes, trois masculins, placés à la droite d'Ahura-Mazda, et trois féminins, à sa gauche. Dieu, leur créateur, est le septième, ce qui lui fait dire : « Nous, les archanges. » Ils créent tous les êtres, les gouvernent et les protègent, aidés dans leur tâche par la multitude des anges. La théologie chrétienne en mentionne sept, non compris Dieu.

Denis l'Aréopagite situe les archanges à l'avant-dernière place, au-dessus de la foule des anges, mais ils sont les seuls à porter un nom. Dans les Ecritures juives et chrétiennes, leurs noms se terminent par EL qui signifie Dieu. Nous ne traiterons que des trois premiers, Michel, Gabriel et Raphaël.

Saint MICHEL est le plus populaire des archanges chez les chrétiens. Son nom en hébreu signifie « qui est comme Dieu ». La Bible le dépeint prince de la milice céleste dans l'Apocalypse de saint Jean, livrant dans le ciel, à la tête de ses anges, un combat contre le « grand dragon, le serpent ancien », Satan, Lucifer le révolté qui voulait égaler Dieu. Vaincu, il fut précipité sur la Terre ainsi que tous les anges rebelles.

L'iconographie de saint Michel le représente armé d'une lance ou d'une épée flamboyante, terrassant le démon. Au Moyen Age, considéré comme l'ange du jugement dernier, le peseur d'âmes, il tient une balance. De nombreux sanctuaires dédiés à saint Michel se dressent dès les premiers siècles dans la chrétienté orientale et occidentale.

La littérature mystique persane identifie GABRIEL, le second des archanges, à l'Esprit-Saint. Créateur des hommes avec les autres archanges, et toute âme étant ange ou démon en puissance, ses ailes symbolisent ce dualisme. Elles diffèrent de couleur, la noire indique le côté matériel, sombre de l'âme, la blanche le côté pur et lumineux.

Messager divin de la Bible, il annonce au vieux Zacharie la naissance de son fils Jean-Baptiste, à la Vierge Marie celle du Christ sauveur.

Les musulmans voient en Gabriel l'initiateur de Mahomet. Il lui apparaissait tel un jeune homme d'une éclatante beauté ou sous la forme d'une colombe, d'un pigeon, qui venait lui dicter à l'oreille les paroles de Dieu. Transmises par le Prophète, consignées par les scribes, elles constituèrent le Coran, la bible des musulmans.

L'archange RAPHAËL s'associe étroitement à l'histoire des deux Tobie. Il rend la vue au père devenu aveugle et guide le fils dans ses voyages, ce qui le popularise dans les rôles de guérisseur et d'ange gardien.

Le Simorgh.

Immense oiseau fabuleux et mythique, le Simorgh prend place dans l'Avesta et les récits mystiques persans où il est le DIXIÈME ANGE ou Esprit-Saint. Il tient à la fois du Bennou égyptien ou phénix qui renaît de ses cendres, de l'Anquâ de la mythologie arabe, oiseau divin à quatre ailes et tête humaine, et du Rokh gigantesque que les croisés du Moyen Age firent connaître à l'Europe par ce joyau de l'Orient, les contes des *Mille et une nuits.* Ces oiseaux symbolisent la résurrection et l'immortalité de l'âme.

Le Simorgh dont l'envergure, la puissance et la force équivalent à celles du Homa et du Rokh capables d'enlever des éléphants, transporte les héros légendaires d'un bout du monde à l'autre, et leur remet quelques-unes de ses plumes pour assurer leur protection. Il commence à se manifester en Chine, où il laisse tomber une plume merveilleuse, capable de guérir. Elle y serait toujours conservée, ce qui faisait dire à Mahomet : « Allez à la recherche de la science, fût-elle en Chine. »

Le Simorgh, vieux comme le monde, parle le langage des hommes. D'une grande sagesse, manifestation de la divinité, il construit son nid au sommet de l'extraordinaire montagne cosmique nommée Alborz par les Mazdéens, et Qâf par les Mahométans. Prodigieuse montagne d'émeraudes AUX PALAIS DRESSÉS PAR LES ARCHANGES, elle enveloppe notre univers. Son reflet teinte le ciel d'une couleur verte, que nous voyons bleue.

Dans les mythologies, il existe toujours des montagnes sacrées qui relèvent du symbolisme de l'oiseau, lien Ciel-Terre. Par leur hauteur, elles s'approchent des dieux. Faire leur ascension, c'est s'élever vers eux, s'approcher de la source originelle, acquérir la connaissance.

Dans les pays de plaines, les tours, ziggourats et pyramides sont construites pour jouer le même rôle.

Farid el-Din (ou Uddin) Attar, célèbre poète et philosophe né en Perse au début du XIIe siècle, relate dans son *Mantic Uttaïr* ou *Langage des oiseaux,* long poème de 4 647 vers, le pénible voyage des oiseaux du monde en quête de leur roi, le Simorgh. Conduits par la huppe, trente oiseaux seulement arrivent à le joindre, les autres ayant péri en chemin. Ils se reconnaissent en lui, et découvrent qu'ils sont eux-mêmes le Simorgh, ce que la huppe exprime en leur disant : « Les différentes espèces d'oiseaux qu'on voit dans le monde ne sont tous que l'ombre du Simorgh, sachez bien cela, ô ignorants. » Cela explique le rapport entre le divin créateur et les hommes ses créatures, ombres de la divinité ou, d'un autre point de vue, entre le macrocosme et le microcosme.

Le poème s'achève sur une image grandiose. Les oiseaux totalement purifiés, ne formant plus qu'un seul être avec le Simorgh, disparaissent pour toujours dans sa lumière. « L'ombre se perdit dans le Soleil... L'immortalité succéda à l'anéantissement. »

14

ORIGINE DES ÉCRITURES ET LANGAGE DES OISEAUX

L'écriture est un art dérivé du dessin, un procédé pour représenter « d'une façon visuelle et durable » le langage articulé, en figurant et matérialisant les idées et les mots par des dessins, puis par des signes abstraits qui les fixent, et aboutissent aux alphabets.

Le vieil adage : « Les paroles s'en vont mais les écrits restent » prend ici toute sa valeur.

Les primitifs disposent de moyens d'expression très variés, signaux, tam-tams, fumées. En plus du langage, les gestes qui ponctuent la parole s'utilisent souvent seuls, c'est le langage des sourds-muets.

Des cailloux, des branchettes et objets différemment groupés ou placés indiquent des directions, des arrêts, des tabous, des lieux magiques, des messages.

Hérodote fournit un excellent exemple d'objets-missives, et raconte comment des Scythes envoyèrent à Darius, le puissant roi des Perses, un héraut avec des présents qui consistaient en un oiseau, un rat, une grenouille et cinq flèches. Darius considéra ces objets comme des gages de soumission, mais Gobryas, l'un de ses conseillers, fut d'un avis contraire et leur donna un sens très différent : « Perses, ... ces présents signifient que, si vous ne vous envolez dans les airs comme les oiseaux, si vous ne vous cachez sous la terre comme les rats, si vous ne sautez dans les marais comme les grenouilles, vous ne reverrez jamais votre patrie, vous périrez par ces flèches. » On voit combien ces messages prêtent à confusion.

Premières formes d'écriture : les écritures images

Dans un premier stade, apparaît le pictogramme, où le dessin, par la figuration concrète d'objets, d'animaux ou de personnages, parle par lui-même ; c'est l'écriture images, sorte de rébus qui exprime un mot ou une phrase entière. Ce stade se rencontre mondialement à toutes les époques. Les oiseaux jouent un rôle essentiel dans toutes les formes d'écriture, pour symboliser ce qui est immatériel ; esprits, émanations, liens avec les divinités ce qui, dans l'homme, échappe à la matière corporelle, telle son âme. Les peintures préhistoriques et les pétroglyphes, avec leurs dessins figuratifs, hommes, animaux, constructions géométriques et signes abstraits constituent une sorte d'écriture.

En Scandinavie, les barques solaires gravées sur les rochers ressemblent étrangement à celles d'Egypte avec leurs têtes de cygne au long col à la proue et à la poupe. Elles rappellent le mythe du trajet APPARENT du Soleil autour de la Terre, qui s'élève à l'orient et disparaît à l'occident sur les eaux de l'océan. La présence du cygne sur les barques se justifie par le culte porté au Soleil comme dieu d'Hyperborée, ces régions nordiques assez vagues du Nord de l'Europe que les Grecs citent dans leur mythologie. Apollon, dieu du Soleil et de la lumière, y séjourne parfois et revient à Delos monté sur un cygne, ou sur un char emporté par cet oiseau.

Au Nord-Vietnam, sur des tambours de bronze d'un

art raffiné que l'on attribue à la culture Dong-son (âge du bronze), on voit des barques avec plumes, volatiles et signes solaires. Elles conduisent les âmes des morts, matérialisées sous forme d'oiseaux, de l'autre côté de l'océan vers « l'au-delà ».

Pictographie australienne : les Wondjinas.

En Australie, les aborigènes que les premiers explorateurs nommèrent « des chimpanzés sans queue » vivent encore complètement nus, et reproduisent sur le sable les anciennes peintures qui recouvrent les grottes et abris sous roches. Ils les retouchent, les repeignent régulièrement, pour que les divinités qu'elles représentent ressuscitent par cet entretien, et apportent la pluie, source de vie.

Ces pictographies, au caractère sacré extraordinaire, seraient, à l'origine, l'œuvre des dieux créateurs : Ungud, le serpent arc-en-ciel, symbole planétaire du lien Ciel-Terre, et Walaganda ou Voie lactée. Les dieux rêvent des êtres, particulièrement les Wondjinas, puis ils projettent leurs images sur les parois des abris et des grottes comme des portraits. Ils les animent spirituellement et leur donnent la vie. Ces créatures primordiales participent alors à la création. Leur tâches terminées, elles reviennent sur les lieux où se trouvent leurs images premières et disparaissent à cet endroit précis, au sein de la Terre, pour se mêler aux eaux souterraines ou remplir les trous d'eau, si précieux dans ce pays désertique. Cela explique le continuel renouvellement des peintures, pour obtenir le retour des Wondjinas qui apportent la pluie.

Les Wondjinas du district du Kimberley donnent lieu à de nombreuses interprétations. Ils ont fait songer à des représentations d'êtres venus de l'Espace. Il faut remarquer que leurs têtes curieuses, ornées de plumes, symboles d'ascension et de vol, s'entourent de rayons solaires. Leurs visages sans bouche comme ceux des statues-menhirs, Make-Make et autres, indiquent le secret à garder, et leurs longues robes rayées, la pluie.

L'homme-médecine, ici comme ailleurs, la tête souvent coiffée de plumes de cacatoès, joue son rôle d'intermédiaire entre les hommes et les Wondjinas. Depuis environ deux générations, les traditions se perdent. Actuellement, les aborigènes ignorent en grande partie le sens de leurs peintures rupestres. Certaines rappellent celles des Paléolithiques, avec leur magie rattachée aux animaux, ici kangourous, lézards, chiens sauvages... et leurs signes cosmiques, principalement le « serpent arc-en-ciel » et les soleils rayonnants. Des dizaines de mains, s'alignent et se tendent comme dans la grotte de Gargas en France.

Les oiseaux jouent un rôle important dans la mythologie australienne, l'oiseau Kujon aide Walanga en peignant les formes de RÊVE qu'il lui dicte. Une pie libère le Soleil, retenu par le Ciel posé sur la Terre. Le kookaburra au cri guttural, les canards, les ibis, les perroquets, les aigles et les cygnes noirs sont des ÊTRES DU RÊVE. Dans le Sud-Ouest de l'Australie, le gourgourgahgah fut créé pour que son cri, qui ressemble à un rire, annonce joyeusement, comme le coq à chaque aurore, le lever du Soleil. Le courlis, au cri lugubre, symbolise la mort dans toute l'Australie.

La tradition parle aussi de deux héros civilisateurs venus du Ciel sous forme d'oiseaux, Banar, en dindon sauvage, et Kuranguli, en grue. Ils se transforment en hommes et apportent à tous aide et progrès.

Terminons sur l'histoire du Wondjina nommé Warana, le « Grand Rapace », à qui le pigeon de roche vole ses deux œufs pendant qu'il poursuit un kangourou.

Sachant le pigeon coupable, il essaie de le joindre, mais le hibou le tue, car il est l'ami du pigeon. Warana se transforme en peinture rupestre que l'on voit encore sur les parois des grottes.

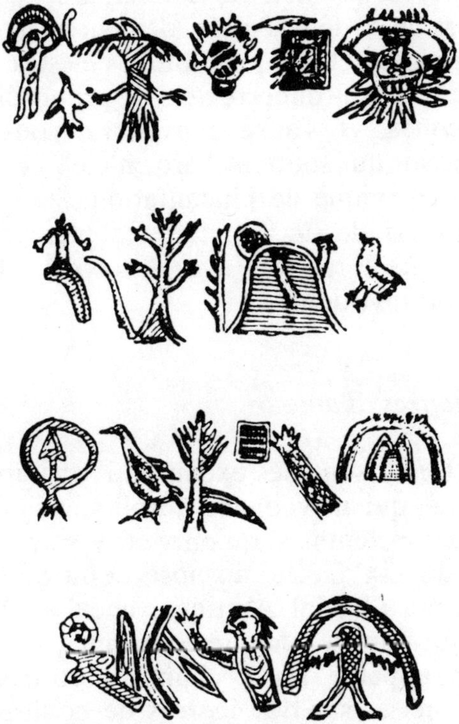

Fig. 24. — Exemple d'écriture-images. Prière ojibwa où se trouvent réunis le sorcier homme-médecine, l'Oiseau-Tonnerre et les symboles d'élévation vers les divinités : collines ou montagnes, arc-en-ciel, arbres de vie, flèches et oiseaux.

Les Indiens de l'Amérique du Nord possèdent de véritables annales en images. Dans la fig. 24 nous retrouvons des éléments pictographiques associés aux thèmes religieux. Il s'agit d'une incantation ou prière ojibwa qui réunit la flèche pointée vers le haut, le mât-totem, l'arbre de vie, l'arc-en-ciel, les plumes et les oiseaux symboles universels d'ascension, de trait d'union entre la Terre et le Ciel. Le sorcier, ou homme-médecine, couvert de sa tête d'aigle, demeure l'intermédiaire entre les hommes et les puissances célestes. La prière débute avec l'oiseau-tonnerre au rôle primordial dans les tribus indiennes, et s'achève avec lui sous sa forme d'homme-oiseau qui soutient l'arc-en-ciel, ce qui précise bien le sens cosmique de l'incantation.

A un autre stade de l'écriture, la pictographie finit par n'avoir aucun rapport avec les objets, les personnages réels ou mythiques.

Curieuses lettres d'amour.

Ces « lettres » sont des exemples d'écriture par images abstraites, qui n'évoquent absolument pas les maisons, hommes et femmes, qu'on veut y voir.

A la fin du XIXe siècle, au nord de la Sibérie, sur la côte de l'océan Glacial Arctique, chez les Youkagires réduits aujourd'hui à quelques centaines, on a recueilli ce que l'on appelle des « chants » et des « lettres d'amour », incisés sur des écorces de bouleau.

Les missives, d'après les autochtones qui les traduisirent, écrites par des jeunes filles, s'adresseraient à l'homme de leur choix. Très curieusement, les personnages y sont représentés par des « flèches », plutôt par des pointes de lance. Les minces et effilées symbolisent les hommes ; les larges, les femmes ; les petites, les enfants et les constructions géométriques les tentes ou « maisons ». Remarquons tout de suite qu'il n'existe pas de maisons à la fin du XIXe siècle sous ces latitudes, au mieux des huttes creusées dans le sol, aux parois et aux plafonds soutenus par des madriers.

Les lignes croisées exprimeraient la tristesse, l'ennui, le chagrin et les fils, les bandes qui relient flèches et dessins géométriques, les sentiments.

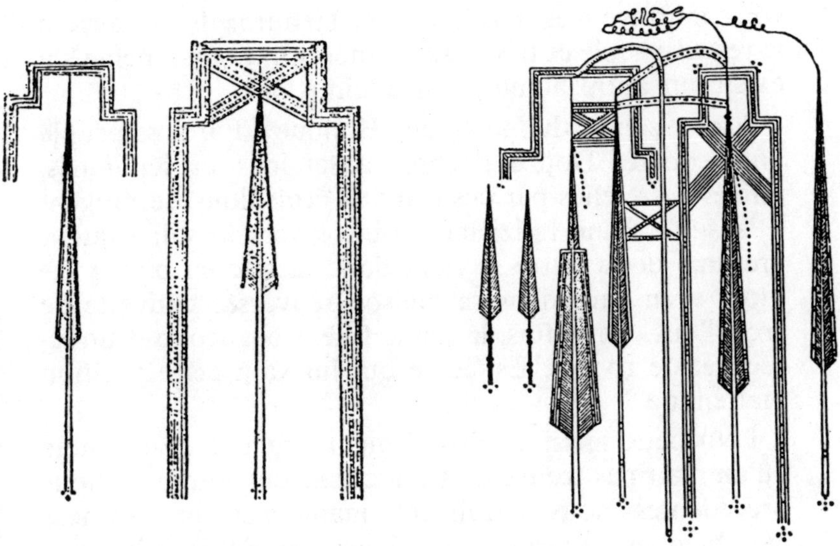

A B

Fig. 25. — Sur ces curieuses lettres dites d'amour, les femmes seraient reconnaissables à la largeur des « flèches » en rapport avec celle de leurs jupes. Nous faisons remarquer que généralement lances et flèches sont des symboles magiques qui matérialisent l'idée d'envol vers un but à atteindre aussi bien matériel que psychique ou divin. De plus dans nombre de tribus indiennes, les dessins en escaliers ne représentent pas des « maisons » mais les nuages. Les fils sont des ondes, des vibrations qui relient sorciers et personnages, aux puissances magiques ou célestes ; cela élargit considérablement le sens restreint donné à ces « lettres d'amour ».

Voici les significations qu'on leur prête : pour une des lettres, la plus simple, reproduite à la figure 25, A, on obtient : « Tu t'en vas, je reste seule ici. A cause de toi, je pleure et je suis triste. »

La seconde (fig. 25, B) se complique de six flèches différentes, et l'explication, genre roman-feuilleton, se corse : « Je suis seule chez moi. Tu m'as quittée, tu es parti au loin. Tu aimes une Russe, tu l'as épousée mais votre mariage n'est pas heureux. Tu auras des enfants et je resterai seule et triste. Je t'aimerai toujours, même s'il existe un autre homme qui m'aime. »

La troisième, du musée de l'Homme à Paris, se peuple plus encore. Douze flèches masculines et féminines, reliées entre elles par des traits et croisillons, se rangent à la suite d'une treizième, pointée vers le sol, l'auteur présumé de la lettre se tient donc la tête en bas, « les jupes » en l'air, dans sa maison renversée couverte de croisillons. Cette fois, la jeune fille a beaucoup d'amoureux et de rivales. Est-ce ce qui lui vaut cette position inattendue ?

Pour cette missive, difficilement explicable, il semble qu'on n'ait pas trouvé de traduction. Les interprétations précédentes nous paraissent manifestement erronées car, bien que fournies au départ par des Youkagires, rien ne prouve pour autant qu'elles soient exactes.

Cette tribu, comme les autres, dessinait fort bien des scènes de chasse, des messages, avec tentes, animaux et personnages très réalistes. Nous ne voyons pas pourquoi ces dessins géométriques si précis, si habiles, parfaitement exécutés, qui semblent répondre à des règles strictes, seraient uniquement l'œuvre de jeunes filles. Pour nous, ces lettres ou « chants d'amour » ont un sens plus large que des historiettes amoureuses. Des rapprochements s'imposent. Il ne faut pas oublier que partout, la flèche et la lance qui tuent les animaux et assurent ainsi la survie des tribus en leur fournissant nourriture et vêtements, servent de symboles sacrés, magiques, en rapport avec les traditions et les croyances des populations circumpolaires. De plus, elles indiquent, en tant qu'instruments de lancer, le VOL, le but à atteindre, matériel, psychique ou divin.

Chez les Peaux-Rouges, les messages pictographiques comportent les mêmes lignes ondulées, visibles sur notre figure 35. Elles illustrent la transmission de pensée, des ondes, des forces magiques qui relient les personnages entre eux comme par télépathie, ou les rattachent à l'homme-médecine-chamane, aux esprits, aux puissances supérieures, à l'oiseau-tonnerre.

Les Hopis du Colorado représentent les nuages par le même signe que celui des maisons sur les lettres. Aussi sommes-nous tentée de croire que les Youkagires ne désiraient pas faire connaître aux hommes blancs les secrets de ces messages si bien dessinés. Devant leur curiosité insistante, pour ne pas les contrarier ou s'attirer leur colère, ils en masquaient la véritable portée en racontant une histoire amoureuse qui, ils le savaient, amuse toujours les Blancs.

Ces prétendues lettres d'amour, aux trop nombreux personnages-flèches, ont, nous le répétons, un sens plus large que celui qu'on leur attribue. Elles pourraient fort bien appartenir au chamane, ou se rattacher à ses pratiques, le chamanisme étant toujours vivant dans ces régions.

Dépassé le stade où les signes, les dessins évoquent des idées, des phrases entières, on aboutit au MOT désigné par un seul signe, toujours le même, ce qui représente un progrès considérable. Ensuite, nouvelle simplification : on ne retient dans les mots que les éléments phonétiques, l'écriture devient syllabique, puis alphabétique comme chez les Grecs.

Voyons le rôle des oiseaux, tant dans les écritures archaïques que dans les plus évoluées.

L'écriture cunéiforme.

L'écriture cunéiforme (du latin *cuneus,* qui signifie coin, mais ici, plus exactement : en forme de clou) fut inventée vers 4 000 avant J.-C. par les Sumériens. Les signes réguliers se gravaient sur des tablettes d'argile fraîche à l'aide d'une « plume » ou style en roseau. On en a trouvé des milliers en Mésopotamie.

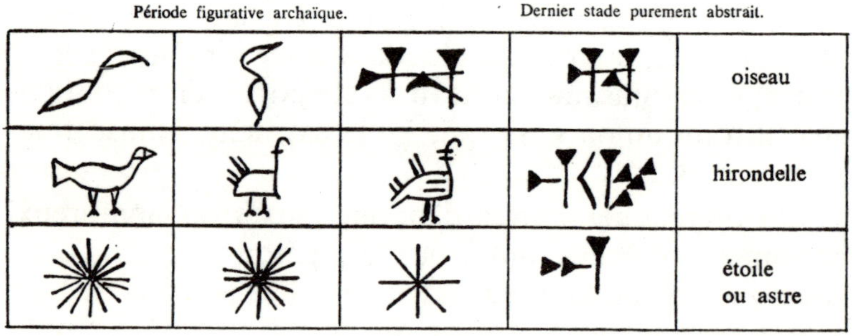

Fig. 25 bis. — Cette figure illustre l'évolution de l'écriture cunéiforme, qui passe des caractères à images réalistes aux caractères purement abstraits. Le processus est le même pour toutes les écritures.

Cette écriture, unique au monde, comporte comme l'égyptienne des secrets correspondant à une langue sacrée. Certains caractères archaïques sont suffisamment troublants pour que nous les traitions au chapitre XVI, avec les messages cosmiques des oiseaux, où ils ont leur place, mieux encore qu'ici.

D'après les traditions, les traces laissées par les pattes des oiseaux dans la boue en forme de Y — Λ — V auraient inspiré les caractères cunéiformes, dont l'évolution a suivi le processus habituel (fig. 25 bis).

Les hiéroglyphes et l'extraordinaire destinée de Champollion.

On ne sait rien de l'origine des hiéroglyphes. Cependant on leur donne, d'après les datations officielles, une ancienneté d'environ six mille ans, sensiblement égale à celle de l'écriture cunéiforme. Les Egyptiens attribuent leur invention au grand dieu Ibis-Thot, possesseur de toutes les sciences.

Au XVIIe siècle, Athanase KIRCHER, savant jésuite aux conceptions scientifiques avancées, passionné pour tout ce qui paraît insolite, essaie le déchiffrement des hiéroglyphes et établit leur rapport avec la langue copte, ce qui est une des clés que retrouvera Champollion. Kircher n'aboutit pas à des traductions valables, mais remarque que les attitudes des oiseaux, de l'ibis en particulier, inspirèrent plusieurs caractères grecs et latins, ce que montre la figure 26.

Par ailleurs, pour les prêtres égyptiens, l'ibis représente le cœur, centre de vie et d'intelligence car, lorsqu'il va dormir, il place sa tête sous son aile, son corps prend alors la forme de cet organe.

Nous ne retraçons pas ici la façon dont Jean-François Champollion découvrit le secret des hiéroglyphes, grâce à la « pierre de Rosette ». On en a tout dit. Mais ce

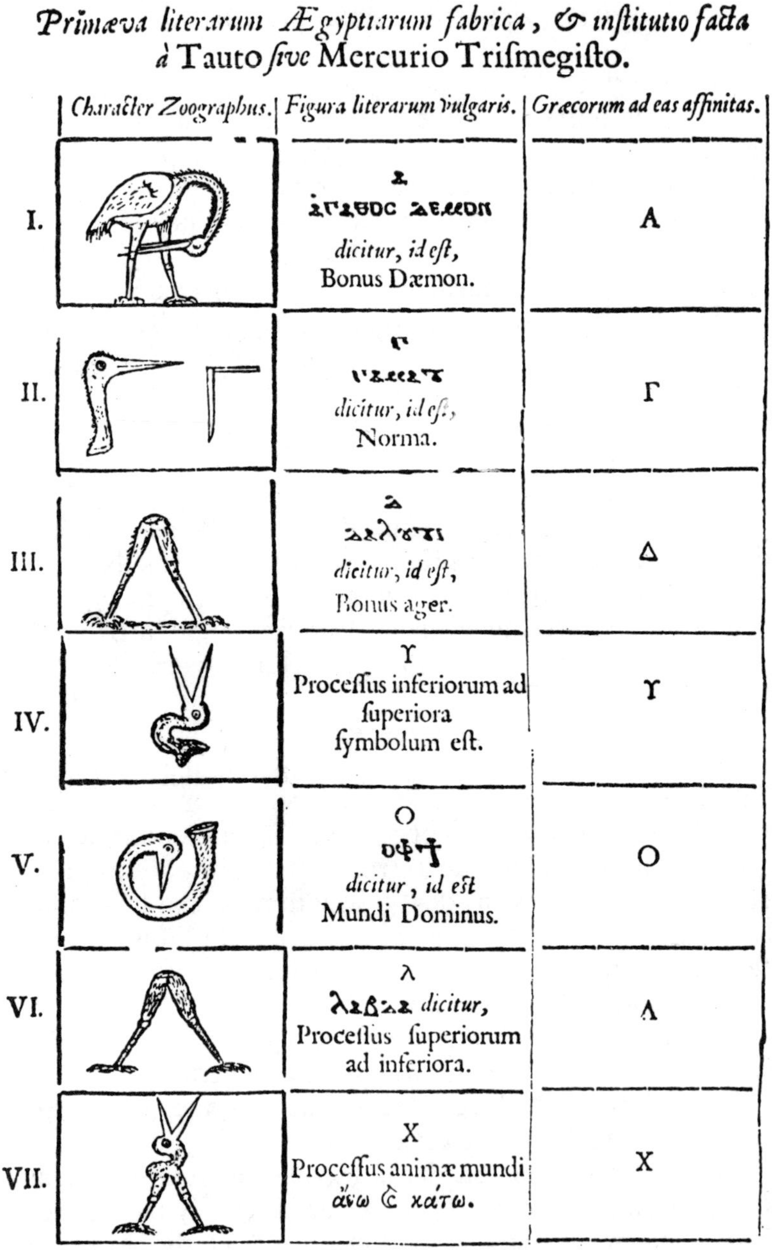

Primæva literarum Ægyptiarum fabrica, & institutio facta *à* Tauto *sive* Mercurio Trismegisto.

	Character Zoographus.	*Figura literarum vulgaris.*	*Græcorum ad eas affinitas.*
I.		ⲁ ⲁⲅⲁⲑⲟⲥ ⲇⲁⲓⲙⲱⲛ *dicitur, id est,* Bonus Dæmon.	A
II.		ⲅ ⲅⲁⲙⲙⲁ *dicitur, id est,* Norma.	Γ
III.		ⲇ ⲇⲁⲗⲇⲁ *dicitur, id est,* Bonus ager.	Δ
IV.		Υ Processus inferiorum ad superiora symbolum est.	Υ
V.		O ⲟⲫⲧ *dicitur, id est* Mundi Dominus.	O
VI.		λ ⲗⲁⲃⲇⲁ *dicitur,* Processus superiorum ad inferiora.	Λ
VII.		X Processus animæ mundi *ἄνω* & *κάτω.*	X

Fig. 26. — Les attitudes de l'ibis auraient inspiré entre autres les caractères des alphabets égyptien, grec et latin.

que l'on sait moins, ce sont les circonstances étonnantes de la naissance de cet homme de génie. L'année qui précède sa venue au monde sa mère, percluse de rhumatismes, ne quitte plus son lit depuis des mois et paraît incurable. On s'adresse alors à un guérisseur de village qui, non seulement remet la malade sur pied, mais lui promet, contre toute espérance, qu'avant la fin de l'année en cours elle aurait un autre fils qui deviendrait célèbre mondialement. La prophétie se réalise en tous points. Jean-François Champollion naît en décembre 1790.

Enfant prodige, il apprend à lire seul à cinq ans et fait de même pour le latin, le grec et l'hébreu. Sans l'aide d'aucun maître, à treize ans il traduit les textes chaldéens, perses, éthiopiens, coptes et arabes. Par la suite, il s'exprime couramment en cette dernière langue. A dix-sept ans, il écrit un ouvrage, *L'Egypte sous les Pharaons ou Essai d'une description géographique de l'Egypte,* qui lui vaut d'être nommé membre de l'Académie de Grenoble. Malgré ses premiers succès, sa vie ne sera qu'une longue lutte contre la pauvreté, les envieux, les médiocres, jaloux et détracteurs. Après un travail acharné, il découvre en 1822 la clé des hiéroglyphes et comprend qu'ils expriment, à la fois ou séparément, des sons et des idées.

Bien que célèbre, il doit continuer à se battre pour obtenir la fondation du musée égyptien du Louvre.

Lorsqu'il présente son projet de former une expédition scientifique en Egypte — rêve de sa vie — ses ennemis s'y opposent. Quand Charles X accepte son départ, il est déjà malade. Il débarque le 18 août 1828 à Alexandrie.

Malgré son courage et son enthousiasme, Champollion supporte mal les fatigues d'un voyage harassant de dix-huit mois. Il rapporte de riches collections pour le musée du Louvre, une « montagne » de notes et de dessins, mais sa santé est irrémédiablement détruite. Au sommet de la gloire, alors qu'il espérait enfin continuer en paix ses travaux, il meurt le 4 mars 1832 à quarante et un ans.

Son système de traduction et sa grammaire suffisamment mis au point, les hiéroglyphes livreront leurs secrets, pas tous cependant, nous le verrons plus avant.

Le secret des hiéroglyphes ou langue des oiseaux.

Remarquablement artistique, l'écriture égyptienne se compose de constructions, escaliers, temples, pyramides, signes géométriques, objets variés et plantes. L'homme y figure dans diverses positions, de même que les parties séparées de son corps : bras, mains, jambes, pieds, cœur, tête, bouche et yeux. Les yeux ouverts, fermés, pleurant ou ailés expriment des sens bien différents.

Il serait fastidieux d'énumérer tous les animaux, mais il suffit de regarder une page d'hiéroglyphes sur papyrus ou les innombrables caractères gravés sur les monuments pour constater l'importance et le nombre considérable des oiseaux, ce qui n'a rien d'étonnant quand on sait leur rôle essentiel, religieux et cosmique.

Tous les signes syllabiques en forme de volatiles ne figurent pas au tableau II, tels que canard, cormoran, pélican ; le vanneau symbolise l'humanité, le flamant rose ce qui est rouge, l'échassier en quête de sa nourriture signifie TROUVER. L'hirondelle, c'est la grandeur, la multiplicité, contrairement au passereau qui définit la petitesse, la méchanceté. Paraissent aussi l'âme-oiseau et le dieu Horus sous sa forme de rapace, ou d'homme à tête de faucon.

L'évolution de l'écriture égyptienne passe des hiéroglyphes sacrés, avec des images schématisées et idéographiques, à l'organisation des éléments picto-idéo-phonographiques ou phonétiques.

Trois formes d'écriture vont se succéder, ce qu'on oublie souvent. La plus ancienne, celle des hiéroglyphes aux dessins si évocateurs, est la plus secrète, la plus initiatique. La seconde, la hiératique, évolue en se simplifiant pendant plus de deux mille ans, pour aboutir à la démotique ou écriture phonétique courante populaire.

La pierre de Rosette, qui date de 196 avant J.-C., porte la même inscription en caractères hiéroglyphiques, démotiques et grecs, ce qui permit à Champollion de la déchiffrer.

Notre tableau II représente des signes syllabiques ornithomorphes, avec leur sens vulgaire, et celui, caché, que l'on appelle le secret des lettres de Thot.

Des signes déterminants différencient parfois le sens abstrait et sacré du commun. On compte environ 200 idéogrammes, certains employés comme déterminatifs, confirment le sens d'un mot ou d'une phrase. Or, actuellement, la valeur et la signification d'au moins 100 de ces idéogrammes sont perdues.

Grâce à Champollion et à ses successeurs, l'écriture phonétique égyptienne et sa grammaire sont connues. Elle répondait parfaitement aux besoins de la langue parlée courante, commerciale et même poétique. Par elle se transmit au monde la façon de vivre des Egyptiens, leur religion, les noms des villes, de leurs rois, des guerres et travaux qu'ils entreprirent. Dans les domaines de la vie publique, les traductions restent fidèles, cohérentes, mais pour des écrits comme *Le Livre des Morts,* cette bible des anciens Egyptiens, plusieurs passages n'ont aucun sens en langage courant. De même pour les textes magiques, qui deviennent alors absurdes. Aussi il y a seulement un demi-siècle, traitait-on les

TABLEAU II

Secret des hiéroglyphes et langage des oiseaux.
Sens courants et sens cachés des lettres et signes syllabiques.
L'écriture hiéroglyphique d'essence divine est à la fois images et sons.

L'œuf se prononce SA. Dans la langue secrète, il signifie le fils en puissance, non encore manifesté car en formation dans le corps de la mère, tel l'oiseau dans le mystère de l'œuf où se crée la vie, l'œuf étant aussi le symbole de la création universelle.

Le nid, avec ses oisillons où la vie se développe, signifie l'être vivant, manifesté, sorti de l'œuf. Oisillon : sens courant voler, pris comme diminutif, désigne tout ce qui est petit, mais devient ésotériquement symbole du microcosme, c'est-à-dire l'homme et son âme immatérielle.

Le poussin se prononce OU, W, U, O comme la spirale, symbole de la création cosmique. Il signifie grammaticalement MOI, mais aussi le MOI qui prend conscience de son individualité. L'homme microcosme issu du macrocosme et qui représente un monde en lui-même. Sous le jeu des signes et des consonances, se cache le merveilleux savoir des initiés.

Le signe de la plume d'autruche signifie au sens courant s'élever. Celle de la déesse Mâat participe à la pesée de l'âme du défunt. La plume indique aussi le nom du dieu de l'air Shou, ordonnateur du monde qui supporte les cieux (cela a été étudié au chapitre XI).

L'oie avec un trait vertical se prononce SA, comme l'œuf, et signifie fils d'Untel. Ce signe employé couramment n'a rien de mystérieux. Dans les « titres des Pharaons » on ajoute à l'oie le signe fanion divin, ce qui donne fils de Dieu, les pharaons étant d'essence divine.

La déesse vautour Mout ou Nekhbet préside aux naissances. Elle scelle le nom que possède chaque homme de toute éternité et qu'il retrouve après sa mort. La consonance MWT du nom vautour réunit deux signes sacrés : le vautour symbole de l'âme universelle dont l'homme recèle une partie, et les eaux primordiales (phonétiquement MW) d'où naquirent les manifestations matérielles dont l'homme. (Vérité scientifique redécouverte aujourd'hui, la vie prit naissance dans les océans.)

Aigle phonétiquement : le A en latin et l'aleph en hébreu ; contrairement à la chouette symbolise la lumière, le soleil. Le disque solaire entouré des ailes de l'aigle, c'est la chaleur vitale, l'activité, la vie.

La chouette, oiseau de nuit, correspond au son M, qui signifie, dans le sens ésotérique : ténèbres, froid, passivité, monde inférieur, matière et mort, cela en rapport avec les croyances religieuses. Dans la langue secrète phonétique, associée à l'aigle et au signe de la bandelette, l'ensemble forme le lien entre la vie et la mort, le passage de l'une à l'autre, car mourir, c'est aussi revivre. Coutume égyptienne : à sa naissance l'enfant était emmailloté, enveloppé de bandelettes comme la momie dans son tombeau où l'âme, si l'on peut dire, venait se réincarner.

La grue correspond à la lettre B. Phonétiquement, elle symbolise l'âme des dieux et celle de l'homme dans ses mouvements involutifs et évolutifs, c'est-à-dire ses reculs et ses progrès dans la voie de l'élévation spirituelle.

L'oiseau Bennu, le Phénix des Grecs, né du feu et qui renaît de ses cendres, représente l'esprit, l'âme collective. Il est écrit à son sujet dans le *Livre des Morts* : « Je suis le gardien du livre des choses qui sont et des choses qui viendront. »

L'ibis, représentation courante du dieu Thot. L'ibis à aigrette suivi d'un trait vertical signifie phonétiquement « splendeur, gloire, briller ». Dans le sens caché, l'âme supérieure de l'homme, la pure et brillante, le corps glorieux de résurrection. La tête seule de l'ibis à aigrette est l'enveloppe humaine lumineuse.

La corde, son Hé hébraïque, se rapporte à l'âme. Au sens populaire, elle exprime corde nouée. L'ensemble des trois signes indique : puissance magique, force surnaturelle. Dans ce mot l'homme est représenté par le ternaire (corde à triple torsion). Il devient le double, le Ka (signe des bras levés). Principe supérieur, l'aigle. En d'autres termes, c'est l'homme avec ses facultés psychiques et animiques qui produisent des phénomènes dans le plan matériel. (D'après Enel.)

On remarque combien les sens cachés s'étendent à la dimension cosmique. Les prêtres égyptiens avaient parfaitement conscience des grandes lois qui régissent l'Homme et l'Univers.

peuples de l'antique Egypte de « fous, atteints d'hystérie collective ».

Champollion pressentit le secret des hiéroglyphes en remarquant que le nom des dieux s'écrivait « phonétiquement, figurativement et symboliquement », donc de trois manières différentes, ce qu'Héraclite signalait déjà en disant qu'ils comportaient le « sachant, signifiant et CACHANT ».

Prenons quelques exemples qui éclaireront les abstractions ésotériques de l'écriture hiéroglyphique, qui n'est pas seulement phonétique, on a trop tendance à le croire.

L'hiéroglyphe de la boucle exprime communément boucle de corde et délier, mais au sens sacré, les forces créatrices de l'Univers et leurs manifestations.

Le signe du rouleau de papyrus SCELLÉ, signifie caché, insolite, contenant une formule magique. Il s'associe à de nombreux autres signes, pour insister sur le mystérieux, le surnaturel. Ce signe se perpétue jusqu'au Moyen Age. Fréquemment sur les sculptures, les statues des églises et des cathédrales, des personnages, des saints portent un rouleau pour montrer qu'ils détiennent un message, un secret, ce qui s'est révélé exact, chaque fois qu'on a pu le vérifier.

La spirale reproduite universellement correspond dans les hiéroglyphes aux sons OU, W, U et O. Elle exprime pour les initiés les « forces cosmiques qui furent mises en action par le Créateur, pour accomplir le travail de différenciation de la matière et de toute manifestation de la vie dans l'Univers... Leur action créa des combinaisons déterminées dans les quatre éléments eau, air, feu, terre », ce qui est prouvé scientifiquement.

La spirale représente ici le macrocosme. Or le poussin a la même phonétique que la spirale (OU ou W) mais cette fois le son « se rapporte à la vie individuelle de l'être raisonnable... c'est le MOI... l'homme à la fois courant évolutif et involutif... être complexe... reflet de l'Univers », autrement dit : l'homme microcosme (Enel, *La langue sacrée*). Pour montrer le lien qui l'unit au macrocosme dont il est issu, les Egyptiens choisirent la même phonétique pour les désigner.

Les symboles, qui dissimulent les secrets étudiés au chapitre sur l'Egypte, se retrouvent dans l'écriture : les peaux, cordes, clé et bâton de vie, toutes les formes et attributs célestes des oiseaux, et des dieux. Les quelques exemples cités outre le tableau, donnent une idée de la complexité des hiéroglyphes. Leur enseignement ésotérique est *à l'échelle cosmique*.

L'écriture sacrée se devait de transmettre le fond des croyances et connaissances prodigieuses de l'ancienne Egypte. Les Initiés ne faillirent pas à leur mission. A leurs héritiers, aux hommes modernes, de retrouver et de saisir leurs messages.

Les abraxas, curieuses pierres gravées des gnostiques.

Au temps des derniers pharaons, au IIe siècle après J.-C., les Coptes habitant en Egypte fondent des sectes catholiques dissidentes dites GNOSTIQUES. Elles essaient de réunir les enseignements du Christ et ceux des Initiés égyptiens, grecs et orientaux.

Basilide, l'un des plus célèbres gnostiques, professait que le Dieu Suprême désigné par Abraxas ou Abraxax, ne se caractérise pas, échappe à toute perception, ne se conçoit pas. Source de toutes les émanations, il contient toutes choses en puissance.

Le gnosticisme est, en gros, la CONNAISSANCE reçue par une ILLUMINATION individuelle, instantanée, définitive, qui survient quand on s'en montre digne. Considéré longtemps comme un phénomène intérieur au christianisme, il est multiple, et ses ramifications mondiales. On en retrouve des échos jusque chez les alchimistes, les rosicruciens et les francs-maçons.

Au début du XVIIIe siècle, Dom Bernard de Montfaucon, bénédictin et savant orientaliste, écrit : « Qui croirait qu'une religion aussi monstrueuse que celle des Egyptiens [cela dénote une totale ignorance et incompréhension de la grandeur et du savoir de l'ancienne Egypte] dût jamais être adoptée par des gens qui faisaient profession du christianisme et qu'on dût faire un mélange de ce qu'il y a de plus saint et de plus sacré dans la véritable Eglise, avec les plus extravagantes idées de la plus superstitieuse nation qui fût jamais. C'est cependant ce qu'ont fait dans le second siècle de l'Eglise, les gnostiques, les basilidiens et les valentiniens, ces hérétiques... qui adoraient le soleil sous deux noms, Abraxas et Mithra, et pour qui Jésus-Christ était ce soleil matériel. » Basilide n'acceptait pas l'incarnation du Christ, car se réincarner dans un corps humain, c'était pénétrer dans la matière indigne et mauvaise ; il n'aurait donc été qu'une émanation manifestée, une apparence, et on aurait crucifié Simon de Cyrène à sa place.

Les gnostiques gravèrent finement sur des milliers de pierres des symboles mystérieux, ésotériques, théosophiques. Le mot Abraxas se lit sur la majorité de ces pierres ou gemmes, d'où leur nom.

Dom Bernard en étudia un grand nombre, nous lui devons nos reproductions.

Sur les abraxas se rencontrent nombreux des dessins d'oiseaux, d'hommes-oiseaux ou anges placés au-dessus de l'Ouroboros, le serpent qui se mord la queue. S'y ajoutent les divinités ailées dont Hermès, dieu grec identifié au grand dieu Thot, et des créatures ornithomor-

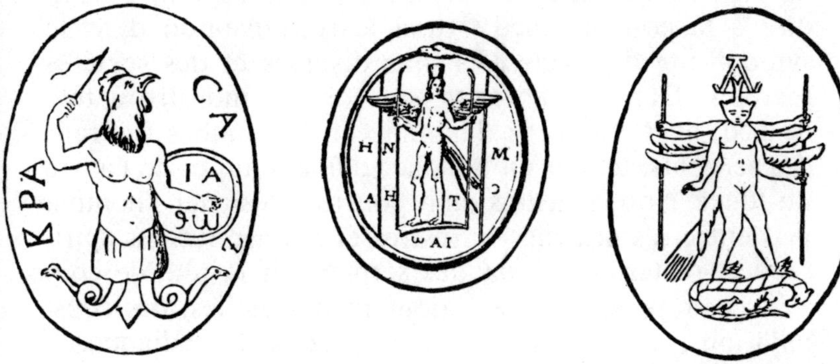

A B C

Fig. 27. — Etranges pierres gravées gnostiques (documents collection de l'auteur) :

A) Pierre dite à la « tête de coq », oiseau solaire représenté fréquemment dans les abraxas avec un corps humain ayant des serpents pour jambes. Cette figure symbolise l'homme, pris entre les plans céleste et terrestre, livré à la lutte entre les forces du bien et du mal.

B) Homme-oiseau, entouré de l'ouroboros, le serpent qui se mord la queue, signe du dynamisme universel et première forme du zodiaque, il exprime aussi le thème de l'éternel retour.

C) Personnage anthropomorphe avec quatre ailes et quatre bras tenant deux bâtons ; ses pieds ailés reposent sur la constellation de l'Hydre qui porte ici le Corbeau et le Scorpion, tels qu'on les représentait dans les anciennes cartes du ciel.

phes à tête de coq, oiseau qui indique vigilance, persévérance, résurrection et immortalité.

Symbole universellement solaire, le coq annonce la fin des ténèbres, le lever du jour, l'apparition de la lumière. Par analogie il signifie la clarté qui se fait dans les esprits, quand ils s'ouvrent à l'illumination, c'est-à-dire à la connaissance. Aussi le retrouve-t-on dans le symbolisme des sectes les plus diverses et des sociétés secrètes. Dans les abraxas, on voit un monstre à tête de coq, avec un corps d'homme et des jambes figurant des serpents, tenant un bouclier d'une main et de l'autre un fouet. Nous pensons qu'il pourrait désigner l'homme pris entre ses attaches terrestres et ses aspirations spirituelles, matérialisées par les serpents et la tête de coq.

A ces représentations s'ajoutent des étoiles, des constellations, des signes cosmiques et ceux du zodiaque.

A notre époque on prête encore aux abraxas, devenus rarissimes, des vertus magiques. Beaucoup en forme de scarabées, sont considérés comme des talismans de grande valeur.

Ces pierres portent au recto et au verso des textes inintelligibles auxquels, mentionne Dom Bernard, « on n'entend rien et qu'apparemment il n'importe pas beaucoup de savoir ».

La conclusion fait sourire. Cependant, ces inscriptions perdront peut-être leur mystère grâce à la découverte, en 1945 en Egypte, de treize livres en écriture copte, formée de l'alphabet grec, auquel s'ajoutent six lettres empruntées à l'écriture démotique. Les gnostiques possédaient de riches bibliothèques, d'où proviennent ces livres manuscrits retrouvés près de la ville moderne de Nag Hamâdi.

Les textes groupent plusieurs œuvres dont les plus anciennes remontent aux environs du Iᵉʳ siècle après J.-C. et relatent des événements antédiluviens. Certains se rattachent à l'Ancien et au Nouveau Testament. Ils mentionnent les persécutions dont souffrirent, au IVe siècle, les moines réputés hérétiques pour leurs idées non conformes aux dogmes du christianisme.

On espère que la traduction, encore inachevée, des manuscrits permettra de saisir leur sens mystérieux.

Les documents de Nag Hamâdi le précisent, livres et pierres gravées contiennent des messages, destinés aux INITIÉS DU FUTUR.

Mystérieux livre de plomb et langage des oiseaux.

Dom Bernard de Montfaucon raconte, qu'en 1699, il achète à Rome un petit livre « tout de plomb » (fig. 28) qu'il offre au cardinal de Bouillon. « La couverture, les six feuillets, la baguette insérée dans les anneaux qui tiennent aux feuillets, la charnière et ses clous, tout sans exception est de plomb. » Les pages portent des inscriptions en lettres étrusques, grecques, coptes et latines sur les quatre premières. Dom Bernard les dit inintelligibles.

Il écrit que les douze figures indiquent les douze heures du jour : « L'homme nu qui sort du lit marque la première heure. L'homme rayonnant à tête d'oiseau : la sixième, qui est le midi où le soleil est dans sa plus grande force, et la femme au voile tout chargé d'étoiles marque la douzième heure, le commencement de la nuit... Les autres heures ne sont pas si marquées. »

En effet, à quelles heures se rapportent les figures 2 et 3 : l'homme à qui il pousse un bec d'oiseau, le buste, le curieux petit personnage prisonnier dans ses langes comme le papillon dans sa chrysalide, la grenouille, l'oie ?

Ces interprétations simplistes de Montfaucon sont

A
ABRAXAS
CLXXVII. Pl. a la 380. pag. T. II

1
2
3
ΡΑΠΔΑΛΠΩ
ΕΙΝΤΡΦΑ
ΙΘΓΟΝΕ
ΑΦΕΝΔΥ
4
ΥΕΝΟΓC
ΟΚCΧΜΔ
ΑΡΠΟCΓ
ΛΕΜΥCΡΟ
5
6
7
8
9
10
11
12

Fig. 28. — A. Le livre « tout de plomb » (réduit aux 6/10).
Au-dessous en réduction, les six feuillets, recto-verso, avec leurs douze figures.

1. On sait que, pour les gnostiques, le premier moyen de s'approcher des mystères de la connaissance est de se débarrasser des attaches et liens terrestres, généralement symbolisés par les vêtements qui recouvrent le corps. Cela explique la nudité du premier personnage. Le poing fermé devant la bouche indique le secret à garder.

2-3. Prêtre ou initié, faisant au néophite qui lui tend les bras le signe de s'approcher. Les trois personnages portent la barbe, signe de maturité, de courage et de sagesse.

4. Le néophite, rajeuni, a bénéficié d'un début d'initiation, ses vêtements ont raccourci, son nez a pris la forme d'un bec d'oiseau.

5. Nouveau progrès, autre stade. On reconnaît la figure des abraxas à tête de coq qui représente l'homme encore pris dans la matière, ici les serpents mais, prêt à s'élever vers la spiritualité, ce que démontre la tête de coq couronnée, signe de victoire. La main est armée du fouet, pour fustiger les forces mauvaises.

6. Le nouvel adepte apparaît sous son aspect de corps de lumière rayonnante, ayant acquis l'illumination ; sa tête est celle d'un oiseau, marque de son élévation.

Le sens de ces six gravures se précise dans les six suivantes, le six étant le nombre de la médiation entre l'homme et le « Seigneur ».

7. D'après Dom Bernard, vraisemblablement buste de Sérapis. On le représentait la barbe frisée comme Zeus, avec un boisseau sur la tête. On connaît l'expression : « mettre la lumière sous le boisseau ». Le dessin est ici assez significatif, le futur initié devra le soulever pour que jaillisse la lumière, l'étincelle divine qui est en lui.

8. L'éveil, la renaissance qu'implique toute initiation.

9. Un enfant emmailloté, prisonnier de ses langes, essaie de s'en dégager, comme après sa métamorphose (symbole de résurrection) le papillon qui sort de la chrysalide. Il symbolise l'homme et l'âme qui échappent au corps imparfait matériel.

10. La grenouille renforce l'idée de la figure 9, en raison de ses métamorphoses. On la trouve, ainsi que le crapaud, momifiée dans les tombes égyptiennes.

11. Aboutissement de ces transformations, le néophite devient oiseau capable de voler vers les plus hautes sphères. Il comprend le langage des oiseaux qui ouvre les portes du savoir. Ici, il ressemble à l'oie, considérée dans les mythologies comme la messagère entre le Ciel et la Terre.

12. Désormais, la voie céleste s'ouvre au nouvel initié, ce qu'exprime clairement la figure féminine. La Connaissance soulève le voile des ténèbres de l'ignorance. Sa tête s'encadre de quatre étoiles suivies de trois autres, elles forment la constellation de la Grande Ourse où, symboliquement, séjournent les immortels et Dieu l'inconcevable, détenteur du savoir à communiquer.

Remarquons que des pans du voile sort un serpent, sa tête atteint le haut du voile céleste, rétablissant ainsi le cycle éternel Terre-Ciel.

peu probantes ; elles n'ont aucun rapport avec la symbolique et l'enseignement des gnostiques. Si on se réfère à leur doctrine, les dessins nous paraissent assez clairs pour en saisir l'essentiel (fig. 28).

Ce n'est pas par hasard que ce livre et ceux du même genre — on en connaît quelques exemplaires — sont en plomb, métal très lourd, mais justement parce que cette lourdeur symbolise la partie physique de l'homme, son corps matériel réputé mauvais. Il retient l'âme prisonnière, pèse de tout son poids pour retarder, empêcher son envol, sa rencontre avec la perfection : Dieu, « le Seigneur ».

Le livre a six feuillets, nombre de la médiation entre Dieu et sa créature. Il comporte douze dessins, nombre clé biblique : les douze fils de Jacob sont les ancêtres des douze tribus d'Israël, les apôtres sont douze, la Jérusalem céleste a douze assises, douze portes... C'est le nombre des douze mois de l'année (le Temps), de l'Univers et des douze signes du zodiaque fréquemment représentés dans les abraxas.

Pour que l'homme parvienne à l' « illumination », il devra dominer son corps représenté par les serpents ; s'éveiller, se métamorphoser comme le têtard qui devient grenouille, la chenille rampante qui donne naissance au papillon de lumière. Les illustrations expliquent cette pensée.

Transformé spirituellement, le néophite comprend le langage des oiseaux, ce que signale l'oie messagère entre la Terre et l'Autre Monde.

L'oiseau ouvre la voie céleste et l'accès à la constellation de la Grande Ourse, où d'après nombre de croyances habite « le Seigneur » détenteur de toutes les connaissances.

Nos légendes de la figure 28 précisent notre interprétation en conformité avec les enseignements gnostiques.

Origine de l'écriture chinoise.

Selon la tradition, vers 3 500 avant notre ère, le légendaire empereur Fou-Hi invente l'écriture en s'inspirant lui aussi des empreintes laissées par les pattes des oiseaux dans la boue et le sable humide. Sous sa forme picto-idéographique, cette écriture est assurément beaucoup plus ancienne qu'on ne l'imaginait il y a seulement cinquante ans.

Au début du siècle actuel, dans le nord de la province de Honan, on découvre les plus anciens textes chinois, gravés sur des ossements divinatoires et des écailles de tortues dont l'espèce a actuellement disparu en Chine du Nord. Les caractères présentent des analogies troublantes avec des signes universels. Les lieux de fouilles datent de la période des Chang qui s'étend du XVIe au XIe siècle avant J.-C., mais les signes dénotent, d'après les spécialistes, une écriture avancée, arrivée au stade de la phonétique, ce qui démontre que son origine ne peut être que lointaine, antérieure aux Chang. Certains caractères rappellent les signes alphabétiformes et cosmiques du néolithique, escaliers, bâtons, pieux et flèches, symboles d'ascension comme les nombreux oiseaux schématisés (fig. 29).

L'écriture connue sous une forme archaïque depuis le XVIIIe siècle avant J.-C. comprend encore 3 000 signes difficiles à employer couramment. Actuellement, chaque signe représente un mot et un son ; très simplifiée elle demeure monosyllabique. La beauté des caractères les fait utiliser pour l'ornement. La calligraphie s'associe aux riches décors des soieries, s'unit aux dessins et peintures, si heureusement qu'elle participe à l'œuvre d'art.

L'écriture chinoise se répandit dans les pays limitrophes de l'immense empire, principalement en Corée et au Japon. Avec des simplifications, des variantes et adaptations, des centaines de millions d'Asiatiques l'utilisent toujours.

Ecritures non déchiffrées.

Depuis le XVIIIe siècle, les découvertes se poursuivent activement, le déchiffrement des écritures anciennes va de pair avec les progrès considérables de l'archéologie et de la linguistique. Tour à tour, on décrypte les écritures sumérienne, babylonienne, assyrienne ou garitique (Syrie) et hittite. La crétoise, d'après A. Evans, le découvreur des palais de Cnossos, comprend quatre sortes d'écriture, deux hiéroglyphiques et deux linéaires A et B. La linéaire A reste à déchiffrer ainsi que d'autres, sur lesquelles se penchent savants et linguistes. Citons celle des sceaux de la vallée de l'Indus, petits chefs-d'œuvre gravés sur stéatite. Plus de mille, mis au jour à Mohenjo Daro (Pakistan), témoignent d'une civilisation vieille de cinq mille ans. On a comparé leurs caractères à ceux, non moins énigmatiques, des tablettes provenant de l'île de Pâques.

Signes énigmatiques et alphabets préhistoriques.

Les signes abstraits se rencontrent, nous l'avons montré, depuis le paléolithique, et les peuples dits primitifs déroutent bien des chercheurs.

Que penser des galets peints du Mas d'Azil en Ariège, datés du début du néolithique entre 8 000 et 7 000 avant J.-C. ?

En 1891, Edmond Piette en avait trouvé plus de

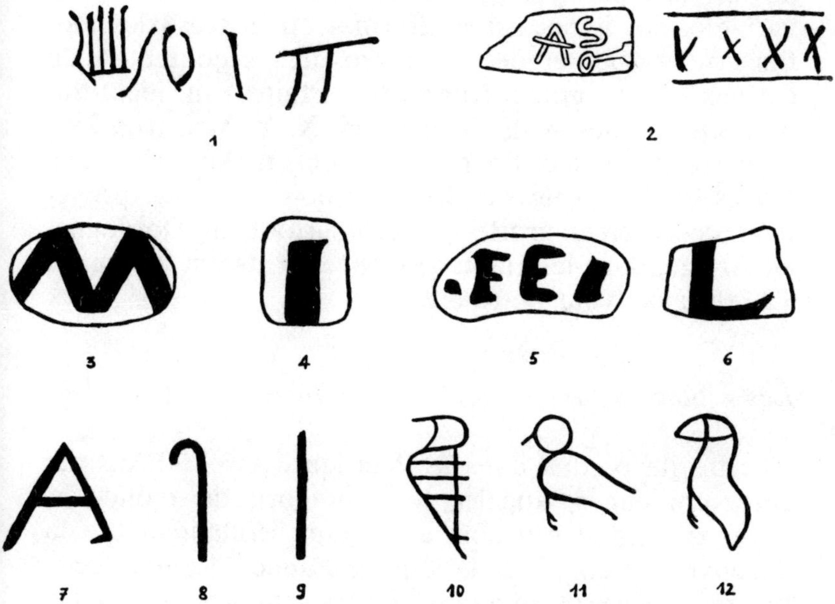

Fig. 29. — Ecritures non déchiffrées, signes énigmatiques et alphabets préhistoriques :
1 — France, grotte de Marsoulas, belle inscription sur un bison.
2 — Gourdan (Haute-Garonne). Caractères gravés sur os et bois de renne, époque magdalénienne vers 12 000 ans avant J.-C.
3 à 6 — Lettres sur galets peints du Mas d'Azil, datation environ 8 000 ans avant J.-C.
7 à 12 — Chine. Signes alphabétiformes et ornithomorphes sur os et écailles.

deux cents. Depuis, les découvertes sont rares. Il voyait dans leurs dessins des signes graphiques en rapport avec les syllabaires de la Méditerranée orientale, cypriote et grec. Peints en noir ou en rouge au peroxyde de fer, des pointes, des bandes parallèles d'épaisseur variable, des lignes serpentiformes ou brisées, des motifs cruciformes et des signes solaires s'ajoutent à de curieux signes alphabétiformes parfaitement identifiables tels que des A, E, F, I, L, M, X, Y, W... (fig. 29). Il existe des galets du même genre en Australie. Ces lettres se retrouvent sur des os et bois de renne, provenant de diverses grottes situées surtout en Dordogne, en Ariège, dans les Hautes-Pyrénées et datent d'environ 12 000 ans avant notre ère.

Les « bois parlants » de l'île de Pâques.

Cette île perdue dans le Pacifique, à 3 700 km des côtes chiliennes, appelée le « nombril du monde », ou « œil », doit son nom actuel aux Hollandais qui la découvrirent en 1772, le jour de Pâques. Rendue célèbre par ses extraordinaires statues monolithes, qui pèsent jusqu'à 70 tonnes, elle possède une écriture non déchiffrée, aux beaux signes gravés avec des pointes d'obsidienne ou des dents de requin, sur des bâtons et tablettes dits « bois parlants ».

Les originaux, d'une exécution parfaite, sont très rares. Les premiers explorateurs les virent, mais n'y prêtèrent pas attention.

Les maladies transmises par les marins qui accostaient, les enlèvements effectués par les négriers marchands d'esclaves, auxquels s'associaient les Péruviens en quête de main-d'œuvre pour l'exploitation du guano, décimèrent la population qui ne compte plus à la fin du

XIXe siècle que 150 à 200 personnes ne sachant rien des secrets de leurs traditions. Quant aux bois parlants dits « intelligents » et « récitants », les Pascuans leur octroient des pouvoirs magiques, à la fois bénéfiques et néfastes ; ils les craignent, et beaucoup ont pourri, dissimulés dans les grottes. Les missionnaires, considérant les curieuses figurines gravées comme des œuvres sataniques, n'eurent aucune peine à convaincre leurs possesseurs de les brûler pour se chauffer — le bois étant très rare — tout en se débarrassant ainsi des pouvoirs maléfiques qu'ils contenaient.

Ce beau zèle faillit causer la disparition totale des tablettes. On doit la récupération de quelques-unes à Mgr Janssen, évêque de Tahiti, qui remarqua les dessins que portait le fragment de bois sur lequel s'enroulait une tresse de cheveux, offerte par les Pascuans en signe de conversion. Il rechercha activement les planchettes et, grâce à lui, on en sauva une vingtaine, ainsi que des bâtons, l'ensemble n'atteignant pas la trentaine.

Les caractères inscrits en lignes horizontales parallèles mais renversées les unes par rapport aux autres obligent à retourner la tablette pour la lecture (boustrophédon), afin d'avoir les dessins dans la position voulue (fig. 30 C).

On retrouve dans la pictographie, qui compte environ quatre cents signes différents, les éléments des gravures qui recouvrent particulièrement les rochers d'Orongo, à la pointe sud de l'île, face à l'îlot principal des « Hommes-Oiseaux », le Motu-Nui. Les habitants prêtent aux bois gravés un sens sacré et magique, en relation avec leurs croyances religieuses. Celles-ci donnaient lieu à des cérémonies uniques au monde qui se perpétuèrent jusque vers 1880 et dont voici, racontée brièvement, l'histoire rapportée par les premiers visiteurs de l'île.

Make-Make, dieu local apparenté à Rongo, à Tane, l'ami des oiseaux et Tangaroa leur créateur, accosta un jour dans l'îlot de Motu-Nui sous la forme d'un CRÂNE (fig. 30 A), roulé par les flots. Sans doute est-ce cette légende que symbolisent les sculptures de crânes de l'île, et la représentation bizarre de la tête de Make-Make au visage sans bouche, aux grands yeux ronds. Nous démontrerons qu'il n'est pas spécial à l'île de Pâques.

Le dieu trouva cette parcelle de terre balayée par les vents si isolée, qu'il y mit les oiseaux et leurs œufs, les croyant ainsi à l'abri de la convoitise meurtrière des hommes.

Make-Make se présente sous un autre aspect, celui de l'homme-oiseau, dieu « des habitants de l'air et des oiseaux ».

Son culte se manifestait par des rites extraordinaires sans équivalents. Tous les ans, au mois de juillet, la population guettait le signe du printemps austral, marqué par le retour des frégates, des sternes ou hirondelles de mer qui venaient pondre dans les îlots voisins de l'île de Pâques.

A leur arrivée s'ouvrait une sorte de concours entre des participants soigneusement choisis à l'avance. Il s'agissait, véritable exploit sportif, de s'emparer du premier œuf pondu sur Motu-Nui. Les candidats atteignaient l'îlôt à la nage dans des eaux dangereuses hérissées de récifs, peuplées de requins, puis attendaient longuement, parfois affamés, le moment de la ponte des oiseaux. Celui qui rapportait ce premier œuf, matérialisation de Make-Make, devenait pour un an l'homme-oiseau. Peint en rouge, le crâne rasé, isolé, tenu à l'écart en état de pureté, vivant d'offrandes, il détenait la puissante force magique, le MANA, qui faisait de lui un demi-dieu. De nombreux pétroglyphes témoignent de cette

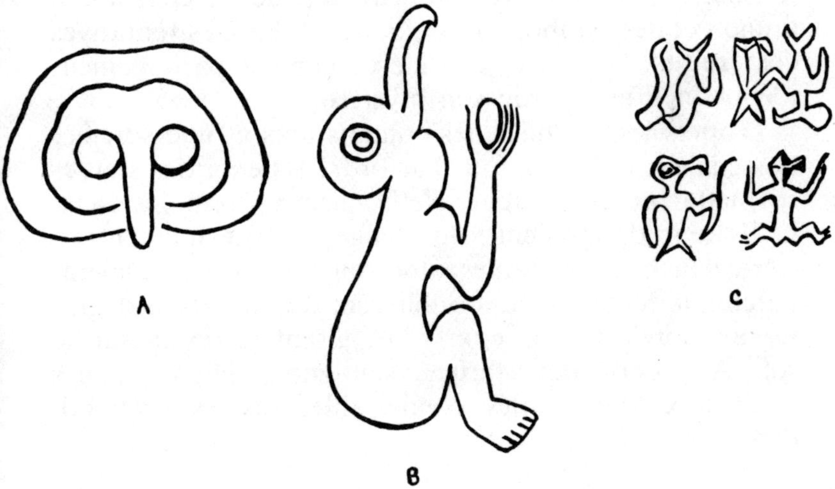

Fig. 30. — *Ile de Pâques.*
A) Tête de Make-Make, dieu des oiseaux.
B) Pétroglyphe de la falaise d'Orongo qui illustre la légende de Make-Make.
C) Ecriture pascuane, fragment : deux lignes inversées avec caractères reproduisant l'homme-oiseau.

histoire et reproduisent la face si particulière de Make-Make et de l'homme à tête d'oiseau, porteur du fameux œuf (fig. 30 B). Ils apparaissent sur les parois des grottes, des caches, des maisons souterraines. On les retrouve sur les bois parlants dans toutes les positions, tels que gravés sur les rochers, tenant un poisson, un bâton peut-être rongo-rongo [1] ou l'œuf sacré. Ils voisinent avec des plantes, des objets, des êtres fantastiques, des flèches ailées ou non et des symboles cosmiques. Malgré les tentatives des érudits, l'écriture, considérée comme partiellement idéophonétique, garde son mystère.

D'après les légendes, les connaissants et une sorcière possédaient le Mana. Sur leur ordre les énormes statues se mettaient en marche d'elles-mêmes, vers les lieux qu'ils leur désignaient. Routledge raconte que la sorcière jeta bas les statues alors qu'elles se déplaçaient, parce que les sculpteurs oublièrent de l'inviter à déguster un homard avec eux. Elles gisent toujours sur le sol. A propos des statues, soulignons leurs longues mains aux doigts effilés, comparables à celles des bouddhas.

Extraordinaire concordance des représentations de Make-Make au néolithique.

En 1933, le savant hongrois Guillaume de Hevesy relevait 130 caractères pascuans ayant des similitudes certaines avec des signes gravés sur des sceaux de la vallée de l'Indus. Les bois parlants dateraient alors de 3 000 ans avant J.-C., donc de 5 000 ans. Mais on abandonna cette hypothèse. Or en compulsant nos photos et dossiers, la ressemblance extraordinaire entre

1. Rongo-rongo, bâton porteur de caractères pascuans.

certaines représentations du FACIÈS de MAKE-MAKE avec celui des statues-menhirs, et plus encore des idoles et décorations de poteries du NÉOLITHIQUE nous frappe. Nous constatons que les figurations, typiques du masque humain préhistorique, se rencontrent MONDIALEMENT (fig. 31). Partout, nous voyons les mêmes visages aux YEUX RONDS, SANS BOUCHE, appelés souvent « têtes de chouette », et fréquemment associés au signe cosmique universel, la spirale.

Ainsi Make-Make, considéré comme un « dieu local », aurait, tout au moins d'après ses représentations, des origines extrêmement lointaines, à la fois dans le temps et l'espace.

Ancienne écriture méso-américaine, les glyphes mayas.

A l'arrivée des Espagnols, les Aztèques, derniers héritiers des anciennes civilisations de l'Amérique centrale, possèdent une écriture. Ils la tiennent en partie des Mayas, dont on sait peu de chose sur l'origine de leur brillante civilisation, et pas davantage sur celle de leur écriture que l'on pense monosyllabique et en partie phonétique, donc arrivée à un stade d'évolution avancée, preuve d'une indéniable culture. Cette écriture n'a pas encore livré ses secrets.

Comme en Egypte, la valeur artistique des caractères ou glyphes s'allie à l'ornementation des monuments et des temples. Gravés dans la pierre avec un soin et une sûreté de traits remarquables, ils sont d'une extrême finesse dans le stuc des temples de Palenque au Mexique.

Tristes vestiges d'un passé prestigieux, dans les ruines de Chichen-Itza, Uxmal et Kabah, des pierres couvertes de glyphes jonchent le sol, enfouies sous les

Fig. 31. — Concordances mondiales des représentations de Make-Make, dieu pascuan des oiseaux, caractérisé par des yeux ronds et l'absence de bouche :

1 — Ile de Pâques (voir aussi fig. 30 A).
2 — Chine, signe archaïque sur écaille.
3 — Maroc, gravure fréquente.
4 — En Espagne, la tête de Make-Make se présente identique aux précédentes ou avec des variantes.
5 et 6 — Fragments de poteries françaises du néolithique.
7 — Italie, sur des chapiteaux du XIIe siècle.
8 et 9 — Vase et couvercle provenant d'Hissarlik, l'ancienne Troie découverte par Schliemann.

Ces représentations ne sont que quelques exemples, elles sont innombrables.

herbes. Avec une certaine émotion, nous en avons dégagé quelques-unes pour les photographier.

On connaît la numération des Mayas, inventeurs du zéro dont nous ne rappellerons pas l'importance en mathématiques ; ils l'utilisaient mille ans avant l'Europe où il ne fut introduit, venant de l'Inde, qu'au XIIe siècle.

Pour leur numération vicésimale à base 20 (les dix doigts des pieds et des mains) les nombres représentent des barres, des points, des figures zoomorphes, anthropomorphes et des têtes humaines au masque grimaçant, toutes symboles de divinités. Ces caractères figurent sur les livres et sur les monuments.

Prodigieux astronomes, les Mayas employaient les deux formes de numération, décimale et vicésimale pour leurs calendriers, aussi précis que les plus modernes, tout en tenant compte des révolutions de la planète Vénus, l'étoile au rôle primordial dans les religions américaines. Nous n'étudierons ici que les écritures et les dessins des manuscrits, les oiseaux y sont nombreux.

Les codex mayas, premiers manuscrits des civilisations précolombiennes.

Les Mayas possédaient des milliers de manuscrits, appelés *codex* ou *codices* ; considérés comme infiniment précieux, ils les emportaient avec eux, dans leurs nombreuses pérégrinations à la recherche de terres nouvelles à cultiver. L'écriture gardait un caractère sacré, avec une langue secrète, réservée au souverain ou chef, aux grands dignitaires, et aux prêtres que l'on enterrait souvent avec leurs livres.

Au XVIe siècle les conquérants espagnols mettent tant de zèle à les faire disparaître qu'il n'existe dans le monde que TROIS CODEX MAYAS illustrés. Les autres, plus nombreux, appartiennent à des civilisations postérieures.

Soldats et occupants se livrent au pillage, incendient villes et bibliothèques. Les prêtres et missionnaires, pour qui les livres, les glyphes des temples et des stèles ne sont que des signes diaboliques, poussent encore à leur destruction.

On étrangle, on brûle vifs les Indiens soupçonnés seulement de conserver un manuscrit, si bien qu'ils participent eux-mêmes à l'autodafé qui est total, puisque trois codex seulement en réchappent.

Ces livres fragiles, dont on ne peut qu'admirer la fixité des couleurs après tant de siècles, se composent d'une longue bande de papier en fibres végétales extraites de divers ficus ou figuiers, pliée en accordéon.

Examinons ces trois manuscrits. Nous avons eu en main dans les bibliothèques d'Europe, d'Amérique, de coûteux et précieux fac-similés des codex, de reproduction parfaite et fidèle.

Le CODEX PERESIANUS, ou de Paris, faillit bien disparaître en 1860 bien qu'on eût pu le croire à l'abri à la Bibliothèque nationale. Léon de Rosny, éminent orientaliste, ethnologue et américaniste français, le sauva *in extremis,* en le retirant d'une corbeille pleine de vieux papiers, destinés à être jetés ou brûlés. Un papier jauni, marqué Perez, enveloppait le manuscrit ; il lui doit son nom.

Incomplet, en mauvais état, il mesure 1,45 m de long. Les couleurs sombres, ternies, des caractères et des figures, ne lui laissent qu'une valeur artistique médiocre. Essentiellement rituel et divinatoire, il renferme un calendrier maya de la tribu des Chiapas.

Le CODEX DRESDENSIS, du nom de la ville de Dresde en Allemagne où il est conservé, daté de 600 ans après

J.-C., mesure 3,50 m et traite de religion, de pratiques divinatoires, d'astronomie, de l'écoulement du TEMPS, souci constant des Mayas. Il contient un extraordinaire calendrier vénusien recouvrant 384 années. Chef-d'œuvre des dessins mayas, certains sont des miniatures richement coloriées, il comporte 74 planches dont beaucoup inachevées. On considère l'une des plus célèbres comme une représentation du déluge (voir fig. 5). Le livre traite largement du culte rendu au maïs.

Le CODEX TRO-CORTESIANUS composé du Troano et du Cortesianus, deux fragments aujourd'hui réunis, conservé à Madrid au musée de l'Amérique, porte le nom de ses anciens possesseurs supposés : don Juan de Tro y Ortolano et Hernán Cortès, le conquérant.

L'ensemble mesure 7,15 m. Livre divinatoire, de magie, de conjurations et de cultes divers tel celui du nouvel an, il contient un calendrier pour la culture du maïs, et aussi à l'usage des apiculteurs qui recueillaient le « miel de vie » des abeilles, c'est-à-dire tout ce qui provenait de la ruche ayant des vertus curatives, énergétiques, que l'on redécouvre depuis peu, telle la gelée royale.

Les codex, clé de la religion du maïs.

Les livres écrits au moment, ou peu après la conquête des Espagnols, le *Chilam Balam,* le *Popol-Vuh*, consignent tant de traditions qu'ils permettent de saisir le sens de certaines illustrations des codex. Les oiseaux au rôle primordial abondent dans les trois manuscrits cités et dans les plus récents préhispaniques, ceux des Aztèques.

Tous rendent compte d'astronomie, du temps divinisé et particulièrement du thème essentiel de la religion des Mayas, le MAÏS, intimement lié aux cultes des forces cosmiques et symbole de l'évolution de l'homme.

Voici une CLÉ de cette religion, qui se perpétuera malgré toutes les pressions jusqu'à aujourd'hui, plus ou moins mêlée au catholicisme imposé par les Espagnols.

Le maïs fournit actuellement à 75 pour cent des Indiens de l'Amérique centrale la base de leur nourriture. Pour les Mayas, il avait la même importance capitale. Quand le sol, épuisé par les cultures, devenait inculte, ils abandonnaient villages, villes, temples grandioses et partaient à la conquête de terres vierges et fertiles. Pour la croissance de la plante de vie, il faut eau et chaleur, ce qui dépend de la pluie et du soleil, aussi les Mayas les assimilèrent-ils à des dieux, qu'ils devaient se rendre favorables.

De ce point de départ, naquit une conception religieuse qui établit un parallélisme étonnant entre le processus du développement de la plante du maïs et celui de l'homme.

Pour que naisse le maïs, le grain est mis en germination dans la terre. Dans les ténèbres, la plantule se développe aux dépens du grain qui disparaît. Née, sortie du sol, la plante grandit, s'épanouit. Quand ses épis arrivent à maturité, elle meurt ayant rempli sa fonction : fournir les nouveaux grains pour les moissons futures.

Les Indiens remarquèrent que l'évolution de l'homme est la même. Le fœtus évolue, se transforme aux dépens de la femme dans les ténèbres de la matrice, comme le germe de maïs dans le grain. Quand l'enfant naît, il n'ôte plus la vie à sa mère, mais, autrefois, au Moyen Age, le nombre de jeunes femmes mortes en couches était considérable. Il l'est encore dans les tribus indiennes éloignées des centres médicaux. L'enfant devenu adulte procrée, assure sa descendance et meurt à son tour.

Les illustrations des codex Troano et de Dresde montrent de façon surprenante la germination du maïs.

Les gravures et sculptures des monuments, la statuaire, les céramiques illustrent abondamment cette conception. Les images des manuscrits, accompagnées de certains signes connus qui aident à la compréhension, montrent le puissant dieu agraire et cosmique, père du dieu du maïs, armé de son bâton à fouir. Il creuse des trous dans le sol où il laisse tomber les grains, conçus comme la semence cosmique qui pénètre dans la Terre-Mère, (fig. 32. 1, 2, 3, 4).

Le grain est personnifié par un adolescent au beau visage, appelé Hunhapu, dieu du maïs, et dieu Cinq, parce qu'il faut cinq jours pour que la plantule sorte des ténèbres du monde souterrain. Elle se tend vers la lumière, tirée par une « corde » ou par « l'oiseau céleste », symbole du dieu universel.

La plante grandissante, représentée par la coiffure du jeune dieu du maïs, dite « en ailes de perruche », prend une ampleur magnifique lorsque le maïs atteint son plein épanouissement ; alors, feuilles, plumes, épis et serpents se mêlent, dominés par l'oiseau céleste, matérialisation de l'union cosmique de la Terre et du Ciel.

Pour les Mayas et les civilisations méso-américaines, les oiseaux : corbeau, épervier ou aigle, symbolisent le dieu du Ciel, le Seigneur, et le serpent qui rampe sur le sol, la Terre, croyance répandue mondialement. L'idée se matérialise chez les Mayas par le dieu Kukulkan, à la fois homme, oiseau et serpent. Il devient le serpent à plumes Quetzalcoatl, le grand dieu civilisateur, des Toltèques aux Aztèques. Il prend une place prépondérante dans l'art de ces peuples, et conséquemment dans leurs livres.

Souvent, le glyphe du dieu de la mort voisine dans les dessins qui illustrent le culte agraire. Cela s'expli-

1 2

3 4

Fig. 32. — Germination et religion du maïs :
1 — Le jeune dieu Hunhapu, laisse tomber les grains de maïs dans les trous creusés avec un bâton.
2 — A côté, sa main large ouverte, montre les cinq doigts qui le désignent car il est aussi le dieu Cinq, les cinq jours qu'il faut à la la jeune plante pour apparaître à la surface du sol.
3 — L'oiseau céleste, tire de l'œil d'Hunhapu qui personnifie le grain, le germe de la plantule. Ce germe symbolise aussi la corde qui joint la Terre et le Ciel.
4 — Au huitième jour, précisé par les mains du dieu jointes avec les doigts repliés (2 fois 4), la plantule prend ses feuilles dites « en ailes de perruche », ce que représente la coiffure du dieu du maïs.
Les illustrations des manuscrits mayas s'accompagnent de textes, les caractères sont ici très nets, ainsi que les barres et points de la numération.

que car vivre, c'est aussi mourir, tel le grain après la germination.

L'écriture maya déjà élaborée, dont on commence à connaître certaines règles de grammaire, reste cependant à traduire pour les deux tiers environ. Les signes donnent lieu à des milliers de combinaisons, aussi les spécialistes rencontrent-ils d'énormes difficultés.

On n'a pas trouvé de « pierre de Rosette » pour les caractères mayas. Les principales sources de renseignements proviennent de l'évêque Diego de Landa qui, avant d'accéder à cette dignité, débarque en 1549, simple moine, et se distingue par les destructions systématiques auxquelles il se livre pendant des années. Il se vante d'avoir, en une journée, brisé des centaines d'idoles, brûlé des milliers de livres, avec leurs possesseurs présumés et les dignitaires jugés responsables. Moine fanatique, il utilise tous les supplices pour torturer les Indiens, y compris femmes et enfants accusés de paganisme. Il finit même par choquer les plus endurcis et passe en jugement en Espagne où il reçoit un blâme. Cependant, quelques années plus tard, absous, il retourne au Mexique avec le titre d'évêque. De nouveau, il s'illustre par une répression féroce envers les Indiens qui demeurent fidèles à leurs cultes. Cela dure jusqu'à sa mort, en 1579.

Or c'est sur les dires de Landa et sur sa *Relation des choses du Yucatan* qu'on se base pour traduire l'écriture maya. Cette relation, assurément précieuse puisque prise sur les lieux, fourmille d'informations et constitue un document de valeur, bien que Landa ne l'ait pas écrite dans ce but, mais uniquement pour justifier ses crimes au moment des accusations portées contre lui, en peignant les Indiens sous le jour le plus noir.

Dans cet ouvrage, on trouve une explication de l'écriture, composée selon l'auteur, d'un alphabet de 29 signes dont il donne la correspondance avec l'alphabet espagnol, et qu'il prétend avoir essayé de compléter au mieux à la fin de sa vie.

Que Landa, cet inquisiteur féroce, destructeur de tout ce qui touche la culture et la grandeur des Mayas, veuille sauver pour la postérité leur écriture, alors qu'il la jugeait jusqu'à sa mort une œuvre de Satan, paraît assez improbable. De plus, sa *Relation* originale s'étant perdue, on ne connaît qu'une copie tardive de quelques-unes de ses pages.

Aussi, pendant trois cents ans, les savants, qui utilisent cet alphabet, finissent par percevoir ses imprécisions, ses erreurs et... échouent dans leurs traductions.

Valentini, spécialiste en la matière, écrit que l'alphabet de Landa est une « fabrication espagnole ». M. Wolff, docteur en philosophie de l'université de Berlin, étudie le déchiffrement de l'écriture maya et pense que Landa a volontairement fourni une fausse clé pour lasser les chercheurs, en communiquant toutefois, malgré lui, des données sur sa structure dont l'exactitude se confirme.

Quant aux codex rescapés, ils sont des copies. Si les scribes agissaient avec négligence, ainsi que nous l'avons montré pour les hiéroglyphes égyptiens, ou en arrangeant et déplaçant les signes à leur convenance — car rien ne prouve qu'ils comprenaient ce qu'ils copiaient — on juge combien ces sources manquent de rigueur.

Par ailleurs, chaque caractère peut avoir trois sens différents, plus de vingt variantes, auxquelles s'ajoutent d'innombrables combinaisons avec les autres signes. Si l'on tient compte de la diversité des langues mayas (source probable de modifications dans l'écriture), on comprend les difficultés auxquelles se heurtent les spécialistes.

En 1961, à Léningrad, lors du Congrès de mathématiques des Républiques soviétiques, le mathématicien russe S. J. Sobolev annonce l'écriture maya déchiffrée, grâce à l'aide de trois jeunes collaborateurs et d'une calculatrice électronique, mais le résultat ne répond pas à ce que l'on espérait. Les codex, les glyphes qui accompagnent si souvent les sculptures gardent leurs secrets, ce qui s'explique, l'écriture maya étant surtout idéographique et le monde des idées infini. Seule une connaissance approfondie de la société, des croyances et de la mentalité mayas permettrait de cerner de près le problème des glyphes et de les traduire.

Autres manuscrits précolombiens.

D'une façon générale, les codex postérieurs aux Mayas — quelques dizaines disséminés dans le monde entier — se composent également de longs dépliants avec des illustrations en couleurs sur papier de fibres végétales. On parle beaucoup des manuscrits aztèques parce que, au moment de la conquête, les Aztèques dominaient le Mexique, mais depuis quelques générations seulement. A leur arrivée, ils n'étaient que des barbares que civilisèrent les vaincus, ce qui se répéta souvent au cours de l'histoire.

Les codex les plus nombreux sont mixtèques, et peints sur peaux de cerf, de jaguar ou d'ocelot. On les date, en moyenne, du IXe siècle après J.-C. Ils traitent avec d'autres de chronologie, d'astronomie, de la planète Vénus, de nombres sacrés, de magie, de calendriers divinatoires et de périodes heureuses et néfastes. Tous renferment des symboles religieux et des similitudes avec les livres mayas.

Décrivons l'un des codex les plus célèbres, le *Borbonicus,* d'une longueur de 13 mètres, conservé à la bibliothèque du Palais-Bourbon à Paris, siège de l'Assemblée Nationale.

Le codex Borbonicus, manuscrit aztèque magique et sacré.

De grande dimension, il forme un livre de 38 pages aux belles images en couleurs ; il ne s'accompagne d'aucun texte (fig. 33). Les notes écrites en espagnol par plusieurs personnes aidèrent à saisir le sens ésotérique de ce codex religieux et rituel, contenant un calendrier divinatoire de 260 jours divisés en 20 treizaines qui, de même que pour les Mayas, doublait le calendrier de 365 jours. Les 20 premières pages correspondent chacune à une de ces treizaines dont les jours, numérotés par des points rouges de 1 à 13, bordent un tableau mythique et ésotérique.

Les pages du calendrier comportent deux bandes, l'une diurne avec des oiseaux différents selon les jours, l'autre nocturne avec des divinités.

Sur le tableau principal de la figure 33, se voit à gauche Xipe-Totec, le dieu de la pluie et du printemps, le « Seigneur écorché » que l'on honorait par d'horribles sacrifices. Les Aztèques lui offraient des victimes percées de flèches afin que leur sang tombe sur la terre comme la pluie bienfaisante. Ensuite on leur arrachait la peau, et les prêtres s'en revêtaient. La divinité, ici recouverte d'une peau humaine (la peau des mains est pendante), porte le miroir en obsidienne tenu habituellement par le magicien Tezcatlipoca. La coiffure emplumée marque sa puissance céleste.

A droite, on reconnaît Quetzalcoalt, le serpent à plumes, au-dessus de lui, un ara sacrifié ; de la tête détachée du corps jaillit un flot de sang. Les tableaux

Fig. 33. — Planche du *Borbonicus,* codex divinatoire aztèque. Sous l'illustration principale, la bande avec les divinités nocturnes et les oiseaux diurnes.

cycliques mêlent dieux, mythes et attributs. Des signes secrets, magiques, s'ajoutent à l'ensemble.

Pour les hommes qui ne possèdent pas l'écriture, elle est magique et sacrée. Nous avons assisté au cours de nos voyages à l'étonnement amusé, admiratif, parfois craintif des indigènes, devant notre main, couvrant de lignes rapides notre carnet de notes.

Dans l'île de Pâques, les habitants croyaient que les petits personnages gravés sur les « bois parlants » pouvaient s'en échapper et venir les tourmenter. En Afrique, les Noirs porteurs de lettres, journaux ou messages européens, évitaient de les toucher. Il les perçaient d'une flèche ou d'une lance pour conjurer le mauvais sort qu'ils renfermaient, et les transportaient ainsi en courant à leurs destinataires.

Des traditions signalent que les premiers caractères de l'écriture furent souvent inspirés, par les traces des pattes d'oiseaux ou par leurs attitudes. En effet, il existe d'étonnants alphabets d'oiseaux. Nous en avons photographié un remarquable à Poitiers, au grand portail de Notre-Dame-la-Grande (hors-texte). Les oiseaux contribuent largement à faire saisir ce qui est immatériel dans l'homme, l'âme, l'esprit, le double, les états de son élévation spirituelle. Mondialement, les divinités cosmiques portent plumes, ailes, s'identifient aux oiseaux, et ceux-ci sont leurs messagers.

Des premières formes d'écriture - images aux plus évoluées, purement symboliques et phonétiques, les oiseaux indiquent en une forme de langage, des secrets réservés aux Initiés ; mais il n'est pas défendu de les découvrir, si on le peut.

Les temps futurs verront peut-être la disparition des écritures, remplacées par ce qui occupe tant de place à notre époque : l'audio-visuel. Le téléphone, les disques, la radio, le cinéma, la télévision pénètrent dans les maisons ; les bandes magnétiques, les microfilms prendront moins de place que des milliers de livres. Pour nous, ceux-ci resteront toujours nos plus grands amis, car on ne remplacera pas l'intimité et la communication qui se créent dans le calme et le silence, entre le lecteur et le livre, source de connaissances infinies.

15

MYTHES ET CROYANCES PEAUX-ROUGES

Les Indiens « Peaux-Rouges », venus d'Asie il y a quelques millénaires, peuplèrent les premiers les immenses territoires du Canada et des Etats-Unis actuels.

Pour les Indiens adorateurs du Soleil, l'oiseau joue encore ici son rôle de lien entre le Ciel et la Terre. Aussi le rencontrons-nous vivant dans un folklore, des croyances, une pensée religieuse qui persistent toujours et prouvent une civilisation véritable, bien antérieure à l'arrivée des immigrants qui vont tout envahir et entraîner leur destruction presque totale.

Les dieux peaux-rouges.

Les dieux, classés en inférieurs, collaborateurs ou supérieurs, règlent la vie de l'Indien. Aucun acte, même de peu d'importance, ne s'accomplit sans qu'il s'adresse à eux, établissant ainsi une communication permanente avec les divinités. Mais celles-ci dépendent d'un Dieu suprême universel qui les domine et qui, toujours présent à travers elles, participe à la vie des tribus. Il se manifeste dans l'*Orenda* chez les Iroquois, dans le « Grand Esprit » nommé *Manito* ou Manitou chez les Algonquins qui occupent les terres boisées et les lacs à l'est du Saint-Laurent et dans le *Waconda,* « le puissant mystérieux », chez les Sioux, redoutables guerriers des vastes plaines. Les Indiens le prient généralement au sommet des collines. Pour les rusés Apaches de la frontière du Mexique, terreurs des pionniers, il est *Yastasiname,* le « capitaine des cieux ».

Le Soleil, bien que maître des dieux, reste dépendant du Dieu suprême, comme le Ciel et la Terre considérés pourtant des divinités supérieures. Dans sa course, il détermine des régions cosmiques comprises dans le carré formé par les quatre points cardinaux.
Au milieu de ce carré, se situe le centre du monde.

Chaque dieu se personnalise par sa couleur, de même que les points cardinaux. Cependant, les couleurs varient selon les tribus, ce qu'illustre, pour quelques-unes, le tableau ci-dessous :

Tribus	Nord	Sud	Est	Ouest
Creek . .	Rouge et jaune	Bleu	Blanc	Noir
Cherokee.	Bleu	Blanc	Rouge	Noir
Sioux . . .	Blcu	Noir	Rouge	Jaune
Navaho .	Blanc et noir	Bleu	Blanc et noir	Jaune
Apache .	Bleu	Blanc	Noir	Jaune

Les oiseaux et les plumes multicolores jouent continuellement un rôle symbolique et magique. Les plumes ornent les armes : flèches, javelots, haches, et les calumets, afin d'augmenter leurs pouvoirs ; elles se portent au bras, aux jambes, se fixent dans les chevelures, forment les magnifiques costumes pour les danses de l'aigle et les riches coiffures des grands chefs. Elles facilitent la communication avec le Dieu, maître de tous les autres. Pour entrer en contact avec lui et ses immanences, l'Indien utilise le calumet.

Caractère sacré du calumet.

Le grand public le connaît surtout comme calumet de la paix, mais son symbolisme est beaucoup plus profond, et les Indiens de l'Amérique du Nord en font un objet sacré, présent dans les transactions, les négociations, les prières et les cérémonies. C'est dire son importance.

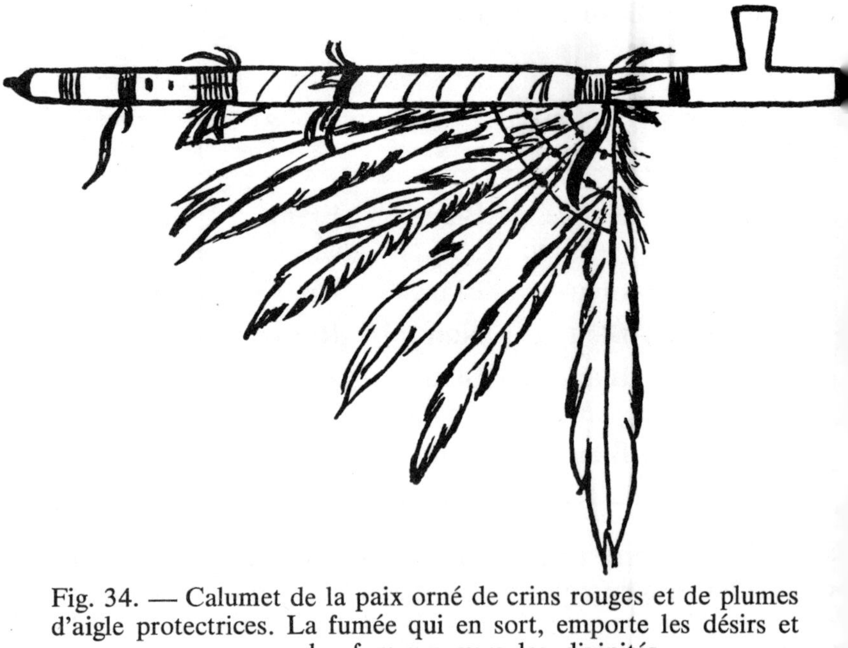

Fig. 34. — Calumet de la paix orné de crins rouges et de plumes d'aigle protectrices. La fumée qui en sort, emporte les désirs et messages des fumeurs vers les divinités.

Les calumets, ou « longues » pipes à tabac, ont tous sensiblement la même forme. Seuls, les ornements de plumes varient (fig. 34) ; celles-ci, rouges, vertes, blanches, jaunes, se tressent avec des cheveux de femme ; il s'y ajoute souvent des ailes de canards ou d'oiseaux aux belles couleurs. Les calumets mesurent en moyenne 60 centimètres et le fourneau en stéatite, pierre dure abondante au Minnesota, a environ 20 centimètres. Celui-ci, au feu magique, porte avec la fumée vers les divinités cosmiques les prières des Indiens.

Le tuyau de la pipe relie le corps physique et l'âme de l'Indien au Tout extérieur ; c'est la voie du souffle, symbole de vie et canal par lequel passent les aspirations et les suppliques de l'officiant.

Lors des réunions, le calumet est allumé par le personnage le plus ancien ou le plus important qui utilise un tison ardent. Il le soulève et projette alternativement vers les quatre points cardinaux une bouffée de fumée pour entrer en communication avec les forces du Cosmos, puis le fait circuler dans l'assemblée en respectant la marche du Soleil, d'est en ouest.

L'emploi du calumet revêt toujours un caractère religieux. L'objet en lui-même symbolise l'homme avec ce qu'il a de matériel : son corps, et d'éthéré : son âme, mais aussi la tribu dans sa totalité. Grâce à lui, l'homme communique avec le Dieu suprême et les autres divinités, ce qu'indiquent bien les plumes, les ailes et les oiseaux empaillés qui le parent souvent.

Lors des cérémonies funèbres, les calumets servent couramment. Bourrés de tabac, on les allume et on s'adresse au mort en lui disant : « Tu es né, tu as poussé comme ce tabac, maintenant tu disparais, mais ton âme s'élève, tu existes et tu vis... »

La résonance est telle que l'on croirait entendre les paroles du *Livre des Morts* égyptien.

Histoire du chasseur Sesondowah.

Les Peaux-Rouges ont peuplé leur panthéon d'oiseaux représentant le monde céleste, fréquents dans les légendes, l'une, d'origine iroquoise, est pleine de poésie.

Le vaillant chasseur Sesondowah rencontra un jour l' « Elan céleste » qui, ayant quitté les Cieux, visitait la Terre. Il se lança à sa poursuite, mais l'élan montait toujours plus haut, si haut que Sesondowah se perdit dans le Cosmos.

L'Aurore l'aperçut et le fit prisonnier. Le chasseur, qui voyait les hommes sur la Terre, remarqua une ravissante jeune fille et en tomba amoureux. Afin de parvenir jusqu'à elle, il choisit le printemps pour se transformer en un bel oiseau bleu et la charmer. Quand vint l'automne, il prit la forme d'un aigle gigantesque et l'enleva.

Mais l'Aurore se saisit de lui à nouveau et l'enchaîna à sa porte pour l'éternité. Quant à sa bien-aimée, changée en étoile, elle brille sur le front de l'Aurore : c'est l'étoile du matin devenue, pour lui, inaccessible à jamais.

L'Oiseau-Tonnerre.

Aigle immense, mystérieux et invisible, on le vénère dans toutes les tribus. Ses yeux lancent des éclairs et il lui suffit de battre des ailes pour déchaîner le tonnerre. Si les prières qu'on lui adresse lui agréent, il fait tomber de son dos la pluie fécondante et bienfaitrice. Il se transforme en homme quand il le désire.

Pour l'Indien, il est partout présent, immortel et magique, dans la fumée du calumet, dans le vent et les nuages qui courent dans le Ciel. Il faut donc s'attirer ses bonnes grâces en l'honorant par des cérémonies à caractère religieux et des danses souvent scandées, comme celles du perroquet, de l'aigle et du condor, par les coups des sifflets fabriqués avec des os d'aigle afin d'accentuer leur efficacité magique. On le voit aussi sur les poteries, les tissus, les bijoux, les vêtements, il se dresse dans toute sa gloire au sommet des mâts totems.

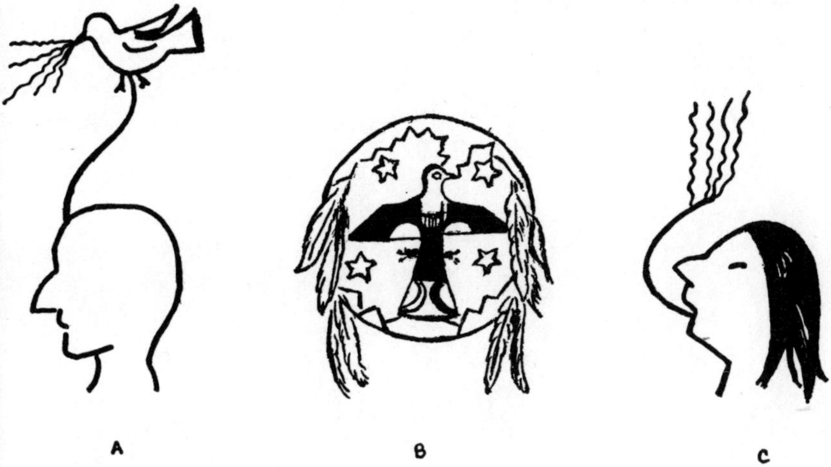

Fig. 35.
A) Indien projetant l'idée de l'oiseau-Tonnerre auquel il s'adresse. Du bec sortent des vibrations magiques.
B) Bouclier dakota orné de plumes d'aigles. Les éclairs symbolisent les forces magiques issues de l'Oiseau-Tonnerre qui les transmet à celui qui rêve de cette représentation.
C) Sorcier ou homme-médecine, l'œil mi-clos indique la concentration, les vibrations au-dessus de sa tête ses pouvoirs magiques. Il agit par projections vibratoires.

La légende de l'Oiseau-Tonnerre est la plus répandue chez les Peaux-Rouges ; ils communiquent avec lui et les dieux par une sorte de télépathie ou sixième sens qu'ils matérialisent sur les dessins par des lignes serpentiformes qui les relient comme des ondes ou un fil téléphonique aux divinités (fig. 35). Dans les compositions peintes sur peaux de bison, écorce de bouleau ou autres, les chamanes, sorciers ou hommes-médecine aux pouvoirs étendus, figurent avec leurs vibrations et leur ligne magique ou *Orenda*. Elles sortent de leur bouche s'ils agissent par des paroles, de leur tête par la télépathie et de leur cœur pour un message d'amitié ou d'amour.

16

MESSAGE PLANÉTAIRE ET COSMIQUE DES OISEAUX

Il est un sujet assez épineux, toujours d'actualité, que nous ne pouvons négliger : celui des O.V.N.I., initiales d' « Objets volants non identifiés », communément nommés « soucoupes volantes » c'est-à-dire disques se déplaçant à toutes les altitudes, capables de rester immobiles, de disparaître à une vitesse vertigineuse et supposés venir du Cosmos.

Par curiosité, nous réunîmes, voici une dizaine d'années, un important dossier les concernant. Depuis, articles, livres, émissions radiophoniques et télévisées se multiplient. Le grand public s'intéresse chaque jour davantage à ces engins, d'autant qu'ils continuent à se manifester. Les journaux locaux et les revues spécialisées signalent leurs apparitions fréquentes en France et à l'étranger. La grande presse en parle rarement, et les gouvernements semblent vouloir les ignorer.

Le sujet n'est cependant pas nouveau, et les manuscrits les plus anciens décrivent, dans l'esprit de chaque époque, ces objets inconnus qui étonnent, émeuvent et effraient ceux qui les voient.

Exemple d'un témoignage biblique.

Antérieur à la Bible, le *Livre d'Enoch,* que l'on dit sauvé par Noé au moment du déluge, mentionne des objets volants lumineux et des anges « fils de Dieu » qui, selon la Genèse, « voyant que les filles des hommes étaient belles... en prirent pour femmes » (Genèse, V, 2 et VI, 2. Toutes nos citations proviennent de la Bible Crampon, édition 1923).

Dans son livre, le prophète Ezéchiel décrit sa célèbre vision qui évoque les objets célestes dépeints à travers les siècles. Voici ce récit : « Je vis... une grande nuée, une masse de feu qui resplendissait alentour ; et au milieu d'elle, on voyait comme l'aspect d'un métal plongé dans le feu... au milieu, je vis la ressemblance de quatre êtres vivants ; ils avaient une ressemblance humaine. Chacun avait quatre faces et chacun avait quatre ailes... leurs ailes étaient jointes l'une à l'autre... et se déployaient au-dessus d'eux... Je regardai les êtres vivants et voici une ROUE à terre auprès d'eux... quatre roues semblables dont l'aspect était comme si une roue était au milieu d'une autre roue... et les quatre roues étaient remplies d'YEUX tout autour... Quand les êtres allaient, les roues allaient aussi à côté d'eux et quand les êtres s'élevaient de terre, les roues s'élevaient aussi... car l'esprit de l'être vivant était dans les roues. A l'intérieur, il y avait comme l'aspect d'une pierre de saphir en forme de trône et sur cette ressemblance de trône une figure d'homme assis. Au-dedans... je vis comme une forme de métal et depuis ce qui paraissait ses reins et, au-dessous, je vis l'aspect du feu et il y avait de l'éclat tout autour de lui. » (I, 4 à 27.)

Comment trouver une meilleure description d'un O.V.N.I. exprimée dans la langue et avec les connaissances des temps bibliques ? Il est tel qu'on le conçoit de nos jours, d'après les innombrables témoignages oculaires et les photographies largement publiés dans le monde. Rien n'y manque, depuis le moment où le prophète aperçoit l'engin de loin sous la forme d'une NUÉE, sorte de nuage plus ou moins arrondi, puis d'une masse de feu d'aspect métallique et brillant. A mesure que l'engin s'approche, la description se précise : il a quatre roue semblables emboîtées les unes dans les autres, sans doute des disques superposés, « ayant des yeux tout autour », c'est-à-dire des hublots ou autres. Ezéchiel dépeint même l'intérieur de l'habitacle avec ses éclats métalliques, ses lumières, et le pilote assis aux commandes devant son tableau de bord lumineux, d'où il dirige la soucoupe, réglant ses déplacements sur ceux des « quatre êtres à ressemblance humaine ». Leurs quatre faces sont celles des casques, et leurs ailes, sans doute les pales d'appareils individuels du genre des petits hélicoptères qu'expérimentèrent les Américains en 1965.

Nous ne citerons que cet exemple, mais les boules de feu, les nuées ardentes, les disques volants foisonnent dans la Bible et dans tous les livres sacrés.

Les Védas, le *Mahâ-Bharâta* et le *Râmâyana,* les deux plus longs et anciens poèmes épiques de l'Inde, parlent de disques, de *vimânas* ou machines volantes qui lancent des éclairs, s'arrêtent suspendus en l'air, se déplacent à des vitesses fantastiques avec, à leur bord, des occupants coiffés de casques descendant jusqu'aux épaules. Ce qui correspond aux témoignages actuels.

Les O.V.N.I. depuis la Préhistoire.

Bien avant l'écriture, dès la Préhistoire, des engins visitaient la terre ; la preuve en est dans les grottes initiatiques qui nous étonneront toujours. Reproduits depuis le paléolithique sous divers aspects, ils donnent une idée de leur variété et évoquent des O.V.N.I. On les retrouve jusque dans les écritures archaïques : sumérienne, chinoise, et dans les codex précolombiens, associés à des oiseaux pour indiquer qu'il s'agit bien de vol (fig. 36-37).

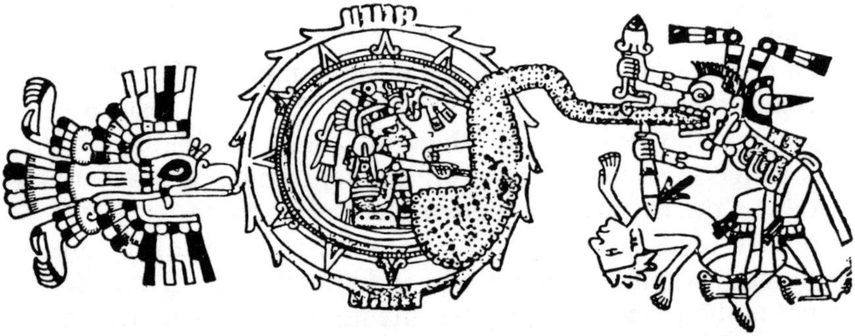

Fig. 36. — Codex Laud, manuscrit précolombien. La divinité assise dans sa sphère céleste, ce qu'indique l'oiseau, reçoit l'offrande de la vie du sacrifié, dont la poitrine est ouverte avec un couteau de silex.

Anciens et modernes initiateurs.

En Afrique, des abris sous roche du néolithique offrent des fresques insolites. Au chapitre IX nous l'avons signalé ; ici, nous faisons remarquer combien les personnages à têtes rondes, dont beaucoup portent des casques, ressemblent à des cosmonautes. Ils dominent dans de nombreuses scènes. L'une des plus curieuses nous paraît assez révélatrice. Peinte à Jabbaren-Amazzar, deux figures féminines se remarquent, parsemées de points alignés dans le style des représentations stellaires relevées dans les cavernes du paléoli-

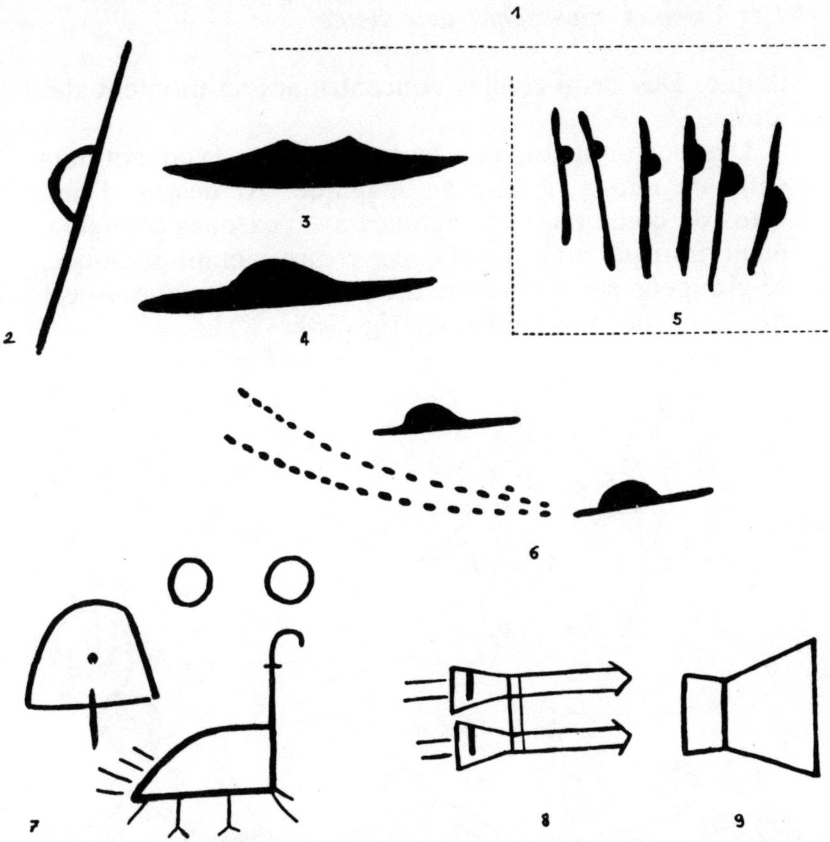

Fig. 37. — *OVNI* de la préhistoire. Entre 20 000 et 10 000 ans avant J.-C. les grottes préhistoriques offrent toutes les variantes d'engins rendus célèbres sous le nom de « soucoupes volantes ».
Groupes de signes-engins de même style :
1 — En France, grotte des Trois-Frères. 5 — En Espagne, grotte de Pindal.
2 — Lascaux.
3 — Altamira.
4 et 6 — Niaux (Ariège). Figurations très évocatrices, le sens du mouvement est même indiqué.
7-8-9 — Caractères archaïques sumériens. Vieux d'environ 6 000 ans ils suggèrent des engins spatiaux modernes : fusées, cabine spatiale et module. L'oiseau de type archaïque précise l'idée de vol.
Nous possédons un grand nombre de documents de ce genre relevés sur tous les continents. Nous traitons longuement de ce sujet dans un livre à paraître.

thique. Des demi-cercles concentriques surmontent des têtes.

Des personnages, par leurs attitudes, évoquent une sorte de danse rituelle ou magique. Au-dessus d'eux, vêtus de combinaisons spatiales avec casques probablement transparents, aucune ouverture n'étant indiquée, se groupent des « cosmonautes » ayant le même aspect que ceux de notre époque (fig. 38).

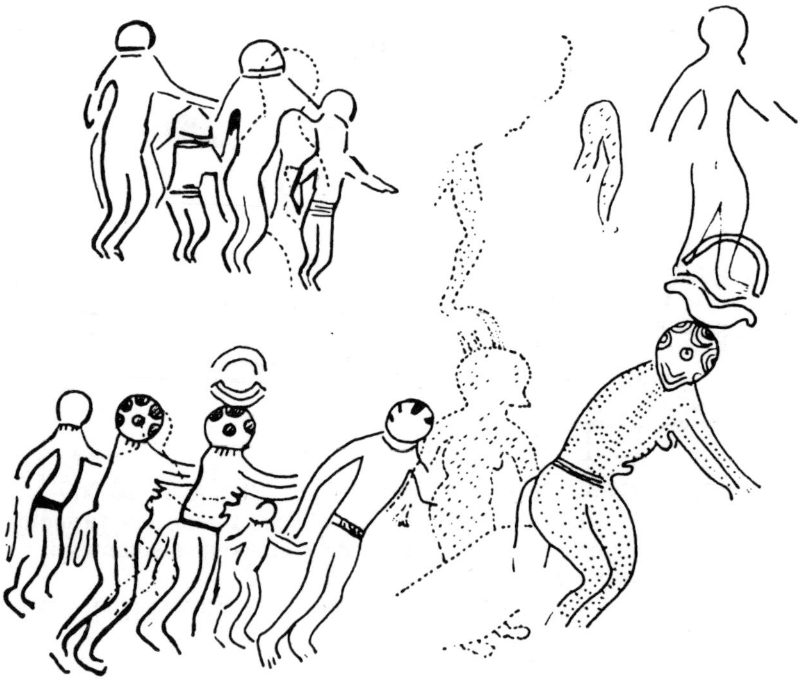

Fig. 38. — *Jabbaren* (fresque du Tassili). On pourrait appeler ce tableau : danse rituelle en hommage à des divinités cosmiques ou cosmonautes. Ces derniers casqués dominent une suite de danseurs et de danseuses casqués eux aussi à leur ressemblance, sans doute dans l'espoir de les attirer, comme les Elohim, les anges de la Bible qui trouvant les filles des hommes belles, les prirent pour femmes. (Dessin d'après H. Breuil.)

Nous pensons que les êtres des fresques du Tassili tout comme les Elohim de la Bible venus de l'espace, furent des INITIATEURS bienfaisants considérés tels des dieux. Pour les attirer, hommes et femmes portent des masques à leur ressemblance, dansent en leur honneur et s'adonnent à des rites particuliers.

D'ailleurs, cela se produit encore de nos jours. Au cours de la dernière guerre mondiale, dans les îles du Pacifique, les Américains établirent des bases jusque dans la jungle, et les indigènes effarés virent un jour arriver du ciel des parachutistes et des avions totalement inconnus.

Les soldats leur apportèrent, outre des conserves en abondance, des idées, une débrouillardise et des connaissances nouvelles.

La guerre terminée — lorsque la base n'avait pas subi de bombardements ou donné lieu à des combats meurtriers pour la population — les habitants gardèrent le souvenir de ces hommes casqués, si pleins de ressources et les considérèrent un peu comme des dieux. Au point que, longtemps après le départ des militaires, ils continuèrent à entretenir les pistes d'envol, pour que « les grands oiseaux blancs » reviennent s'y poser. Ils fabriquent des avions de bois et de toile qu'ils brûlent pour ces nouveaux dieux du XXe siècle.

La motivation s'exprime ici différemment, mais elle explique la scène insolite du Tassili choisie en exemple, et les étranges gravures, dessins d'engins, cercles, sphères, disques ailés, vases énigmatiques dits « à tête de chouette » (fig. 31-8, 9) et les personnages casqués à tête ronde représentés au cours des millénaires sur toute la Terre.

Tous rappellent des vols cosmiques, précisés constamment par le voisinage d'oiseaux ou d'êtres ailés.

Nous pensons comme le proverbe chinois qu' « une

image vaut dix mille mots ». Aussi nous efforçons-nous de réunir des documents peu ou pas encore présentés, qui apportent de nouvelles preuves sur ce sujet brûlant. Nous les choisissons parmi des centaines, parce qu'ils nous paraissent irréfutables par leurs remarquables ressemblances avec des engins spatiaux et des astronautes actuels [1]. Nous tenons cependant à faire remarquer qu'il est extraordinaire de trouver ces ressemblances, car enfin les O.V.N.I. venant de mondes assurément plus évolués que le nôtre — leurs performances le confirment —, rien n'oblige à ce qu'ils soient à l'image de ce que nous connaissons.

Certainement des symboles continuent à demeurer obscurs. Il a fallu que des Terriens quittent leur planète pour que les anciennes peintures et sculptures prennent un sens nouveau, pour ceux qui acceptent d'échapper à la routine d'un passé révolu.

Ces concordances valorisent l'idée d'initiateurs venus de l'Espace. Pourquoi ne seraient-ils pas les descendants de ces divinités ailées, innombrables dans toutes les mythologies et religions, dont nous avons fourni beaucoup d'exemples ?

Maintenant, scientifiquement aucun doute ne subsiste. Le Cosmos comprend des milliards de soleils avec leurs planètes. S'imaginer que notre infime Terre réunit seule les conditions de vies intelligentes est aussi ridicule et prétentieux qu'au XVIIe siècle, croire que la minuscule Terre se trouvait immobile au centre du monde, à la place du Soleil. A soixante-dix ans Galilée, qui mettait notre planète à sa vraie place, dut renier ses travaux pour échapper au bûcher.

1. Il n'a pas été possible de mettre dans ce livre les très nombreuses illustrations que nous avions prévues.

Découverte au Pérou de milliers de pétroglyphes insolites.

Au cours d'un voyage au PÉROU en 1970, nous avons eu la chance de faire une trouvaille exceptionnelle.

Dans la Cordillère des Andes, retenue sur place par une panne de voiture, nous avons, pour nous occuper, interrogé sans grande conviction les Indiens du village voisin et demandé s'ils connaissaient dans les parages des ruines, des grottes à peintures ou des rochers gravés. A notre étonnement, l'un d'eux nous répondit qu'il savait où rencontrer des roches de cette sorte, mais qu'il fallait une voiture pour s'y rendre et rouler longtemps sur des pistes.

Nous décidâmes d'y aller. En attendant la réparation de notre voiture, on nous en prêta une autre en si lamentable état que nous nous demandons encore comment une telle ferraille, rafistolée avec des fils de fer, a pu nous transporter. Mais là-bas ce genre de véhicule roule toujours, et nous partîmes à l'aube le lendemain, sur les indications données par l'Indien.

Après des heures passées sur des pistes défoncées, près de quelques misérables cabanes, deux bergers s'offrirent à nous conduire plus avant et jusqu'en bordure d'un désert. Là, nous abandonnâmes la voiture qui ne pouvait plus suivre dans les sables.

Ce fut une longue marche, pénible, sous un soleil brûlant. Nous commencions même à craindre que ce que nous allions voir ne méritât pas un tel déplacement.

Brusquement, face à nous, s'ouvrit ce qui nous parut à première vue une immense plaine sablonneuse, aride, sans la moindre végétation, couverte à l'infini de rochers peu élevés, la plupart à hauteur d'homme. En approchant, à notre grande surprise, la découverte dépassait nos espérances ; ces rochers étaient en majorité couverts de gravures.

Devant l'importance de ce qui se présentait à nous, nous réalisions combien nous avions peu de temps. Sous la chaleur devenue accablante il n'y eut plus qu'à photographier au maximum. A bout de pellicule, nous prîmes des croquis à la hâte.

Par la suite, nous revînmes plusieurs fois sur les lieux et il nous fut possible d'établir une première classification de ces milliers de pétroglyphes.

DESSINS GÉOMÉTRIQUES. Les figures abondent, du simple point aux constructions les plus compliquées.

SIGNES COSMIQUES. Ils apparaissent sous tous les aspects, particulièrement le Soleil inséparable de l'idée de VIE, tant des troupeaux que des hommes.

REPRÉSENTATIONS ANIMALES. Elles foisonnent, allant des animaux fabuleux aux très réalistes. Le dieu félin domine les grandes compositions, accompagné des condors aux ailes déployées. Les oiseaux magiques aux corps tronqués sont innombrables (hors-texte).

REPRÉSENTATIONS HUMAINES. De toutes tailles elles montrent les occupations, les intérêts mythiques et religieux des Indiens qui peuplaient cette région. Nous décrivons ci-dessous certaines d'entre elles très énigmatiques.

Etranges « cosmonautes ».

Nous nommons ainsi de nombreux personnages, car la majorité de ceux qui voient nos centaines de photographies s'exclament : « On dirait des cosmonautes. » Admirablement gravés, ils les reproduisent fidèlement, vêtus de combinaisons de vol modernes. Leurs casques importants sans orifice sont faits sans doute de matière transparente.

Frappante est l'élégance des attitudes et des mouvements de ces êtres (hors-texte). Les uns paraissent voler, les autres toucher ou quitter le sol avec légèreté. Fréquemment, ils semblent sortir de curieux engins entourés de volatiles.

Ces « cosmonautes » participent avec les oiseaux aux scènes d'offrandes et de magie qui couvrent de magnifiques dalles.

Tous les continents fourmillent de concordances avec les gravures de cet endroit perdu.

Nous ne pouvons continuer plus avant dans ce chapitre. Nous traitons en détail cet extraordinaire ensemble dans un livre à paraître.

Le message des yeux ailés.

Le merveilleux symbole de l'œil du dieu Horus se rencontre sous des aspects bien différents dans les tombes, sarcophages, temples, monuments et papyrus (fig. 39). Il fait corps avec le vautour sacré Nekbeth ou s'adjoint la spirale cosmique ; personnifié, totalement individualisé, il possède bras, jambes, ailes et voyage d'un monde à l'autre dans les sphères célestes. Il livre son message d'éternité dans la figure 39, où ailés, l'œil droit de lumière de l'hémisphère supérieur et l'œil gauche de l'hémisphère inférieur à qui appartient la Terre, se lancent de l'un à l'autre des boules d'énergie cosmique, émises par le bâton de vie entouré d'un naja.

Ce bâton rappelle étrangement les bâtons de visées stellaires peints à Lascaux.

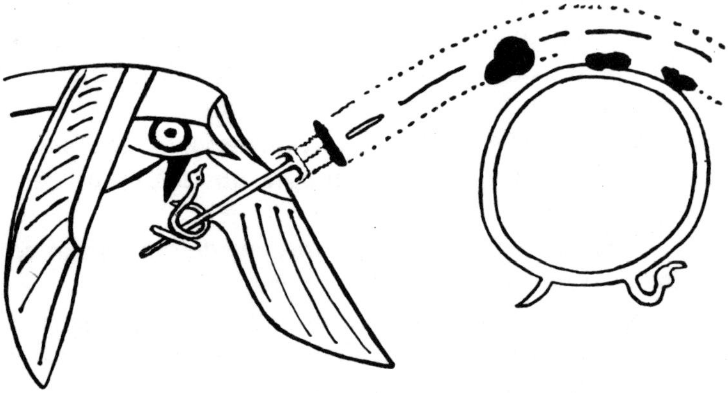

1

2

3

3 bis

Les forces d'énergie passent au-dessus du serpent enroulé : l'Ouroboros, symbole du cycle du perpétuel retour et recommencement des êtres et des mondes.

Pour tout homme, son nom secret, celui de son éternité qu'il retrouve après chaque incarnation, est inscrit dans le ciel. A sa mort, après la purification de son âme, l'œil de lumière le lui rendra.

Ce dessin résume admirablement les croyances égyptiennes, les voyages des âmes et... ceux d'EXTRA-TERRESTRES qui dissimulaient sous ces figures énigmatiques leurs messages, car entrer dans l'œil d'Horus, c'était pénétrer dans d'autres sphères ou planètes. Pour ces déplacements, ils utilisaient des moyens, des forces, des ondes encore inconnus.

En Bolivie, à près de 4 000 mètres d'altitude, les ruines de la ville de Tiahuanaco posent aussi le problème des yeux ailés.

Fig. 39 (ci-contre). — L'énigme des yeux ailés.
1 — Egypte. Partie d'une illustration du *Livre des Morts* (Editions Albin Michel). Merveilleux et complexe symbole, l'oudjat œil ailé d'Horus, s'accole ici au cobra sacré dont le corps forme un nœud, où passe le bâton de vie. Des projections de fluides et de boules d'énergie cosmique, rejoignent un autre œil identique situé en face du premier ; elles passent au-dessus du serpent enroulé, marque du cycle éternel des êtres et des mondes.
2 — L'oiseau-âme, voyageur cosmique pénètre dans l'œil des mondes d'Horus.
3 — Bolivie, Tiahuanaco. Sur la frise de la Porte du Soleil, les yeux du dieu Viracocha sont en forme de scaphandre à hublots.
3 bis — Non moins extraordinaires, les yeux des personnages et ceux des condors représentent des êtres ailés, coiffés de casques importants, le corps pris dans des combinaisons rigides, tel nos modernes cosmonautes. Le détail de l'œil montre une sorte de petite fusée à propulsion, faisant partie du costume.

La « Porte du Soleil » pesant des tonnes, faite d'un seul bloc de pierre découpé en son centre pour laisser le passage, offre, gravés dans la frise célèbre (hors-texte), des condors et des personnages uniques au monde. A peine croyable, LEURS YEUX SONT DE PETITS COSMONAUTES CASQUÉS EN COMBINAISON DE VOL, les uns accompagnés d'une espèce de fusée. Ceux du personnage central dit « Viracocha » représentent un étrange scaphandre ailé et des sortes de hublots qui, vus de loin, ont été pris pour des larmes.

Les vases et poteries des régions où s'étendit l'influence tiahuanacoïde se couvrent des mêmes figurations. L'œil sphérique séparé en deux parties égales, ombre et lumière, s'accompagne comme sur les gravures de la « Porte du Soleil » et des énormes statues monolithes, de signes cosmiques et d'OISEAUX.

Ainsi d'un bout du monde à l'autre, ces singuliers dessins, qu'ils viennent de l'antique Egypte ou du mystérieux site de Tiahuanaco, expriment à nouveau par le symbole des AILES, le LIEN PERPÉTUEL TERRE-CIEL, MONDES COSMIQUES auxquels nous appartenons tous, y compris les êtres venus de l'espace.

17

LES OISEAUX, FACE AU XXᵉ SIÈCLE

A la suite des oiseaux qui servirent de guides, nous avons franchi les millénaires, abordé tous les continents, touché bien des mystères et révélé des secrets que seuls détenaient les initiés.

Faisons le point de ce qu'ils nous apprirent.

Au XXᵉ siècle, et pas seulement dans les livres scolaires, on représente généralement les hommes du paléolithique, armés de silex emmanchés pour lutter contre les fauves, se déplaçant pieds nus, à peine vêtus d'une peau de bête par des froids polaires. Normalement, ces créatures si mal armées, les plus faibles de la nature, à peau nue, sans bec, sans griffes ni crocs pour se défendre, devaient périr. Elles survivent cependant dans les pires conditions et mieux, écrasent, dominent les autres espèces et finissent par régir leur planète.

Comment expliquer une pareille réussite ? En rectifiant une erreur entretenue trop longtemps : les hommes en question n'étaient ni stupides ni aussi frustes qu'on les a dépeints.

Dans les grottes, on constate leurs prodigieux talents artistiques. Excellents observateurs et astronomes, ils se fabriquent des lunettes de visée simples et efficaces, dont on utilisera le modèle et le principe pendant des millénaires. Ils accèdent à tous les symboles numériques, géométriques, cosmiques... et sans doute possèdent-ils une forme d'écriture picto-idéographique. Pourtant, cela représente peu de chose, comparé à l'extraordinaire savoir des sorciers de la préhistoire signalé à Lascaux par la présence de l'homme nu, peint près de son âme-oiseau.

La science des oiseaux et celle du XXe siècle.

La science des oiseaux, née du fond des âges, diffère totalement de celle de notre époque. Comprendre le langage des oiseaux signifie prendre conscience des forces terrestres et célestes qui nous entourent, savoir les observer, les saisir. Pour y parvenir, une condition indispensable : vivre près de la NATURE en respectant ses lois, pour ensuite les diriger et les utiliser, ce que faisaient les sorciers, prêtres, astrologues et alchimistes, ces savants des temps passés.

Le sorcier-chamane de Lascaux connaissait ces secrets, les infinies possibilités supranormales des hommes et la plus grande, celle du voyage au-delà de l'astral en état de DÉDOUBLEMENT SUPÉRIEUR, source de survie et d'éternelle jeunesse. Ainsi, il y a 18 000 ans, les hommes dits à peine sortis de l'animalité savaient dissocier le corps matériel et l'âme spirituelle. Ils prenaient déjà l'oiseau pour la représenter. Par la suite, universellement, les oiseaux symboliseront l'âme, les étapes de son élévation, et la ou les divinités dont ils sont constamment les messagers.

Les initiés paléolithiques, pour réussir leurs difficiles expériences, choisissaient les lieux propices, créés par la nature. Ils n'ignoraient pas les forces que communiquaient les « serpents d'eau souterrains » et les courants telluriques aux effets si puissants dans les failles et les grottes. Ils savaient que le CORPS-BOÎTE-ÂME, admirable poste récepteur et émetteur d'ondes, de fluides, recevait dans ces lieux des forces bénéfiques. Initiés et néophytes s'y trouvaient dans les meilleures conditions possibles pour l'éveil, la compréhension du LANGAGE DES OISEAUX, donc de la CONNAISSANCE. Plus tard, leurs héritiers s'en souviendront.

Les monuments néolithiques, les pyramides grandes et petites, les temples ne s'érigeront pas à l'aveuglette, dans l'ignorance des ondes qui parcourent la Terre dans un cycle continuel. Les constructeurs de cathédrales, les alchimistes et les templiers seront les derniers détenteurs de cette science, avec quelques autres qui, de nos jours, demeurent volontairement dans l'ombre, sans doute avec raison.

Nous avons expliqué comment l'embaumement, pratiqué pendant les dernières dynasties pharaoniques, ne reflétait plus que l'aspect extérieur, inefficace et lamentable du savoir prodigieux des prêtres de l'Egypte pré-pharaonique.

Peu d'années nous séparent de l'époque où les questions de lévitation, prémonition, divination, voyance, télépathie... appartenaient au domaine de la parapsychologie et portaient à rire. Elles préoccupent aujourd'hui de nombreux savants, et des centres importants de recherches s'ouvrent dans tous les pays.

Que devient le fameux LIEN TERRE-CIEL, cycle éternel entre les fluides, courants, forces terrestres et cosmiques, connus de nos ancêtres, symbolisés par les oiseaux à toutes les époques et rattachant l'homme microcosme au macrocosme ? Il est en grande partie oublié.

Qu'expriment les ponts célestes, les montagnes, pieux, obélisques, tours, pyramides, dressés pour s'élever vers Dieu ou les divinités, et désignant le chemin des oiseaux ? Dans l'ensemble, vidés de leurs sens, ils perdent leurs significations premières.

Mythes et croyances recouvraient des vérités scientifiques, tels le chaos primordial, l'œuf de la création cosmique, la SPIRALE qui symbolisait les forces et énergies tourbillonnaires, dessinée pendant des millénaires sur le modèle de la nébuleuse spirale, génératrice d'espace, c'est-à-dire de mondes, et qui devient un simple ornement, un rinceau, une volute. La science moderne ne découvre que depuis peu les lois de ces vertigineux phénomènes.

Pourquoi ces connaissances scientifiques primitives se perdirent-elles ? Parce que l'homme, ayant oublié le message des oiseaux, s'est progressivement éloigné de ce grand maître, la NATURE. Alexis Carrel, philosophe et physiologiste réputé, écrit : « Nous sommes soumis aux mêmes lois que le reste du monde terrestre. Puisque nous faisons partie de la Nature, nous devons, ainsi que l'enseignait Epictète, vivre conformément à ses ordres. » Les Initiés apprirent à les respecter et en tirèrent de fabuleux pouvoirs. La science actuelle, fondée sur la technique et le machinisme, n'a plus rien de commun avec celle dite des « primitifs » ou des Anciens.

Images de notre temps.

Plus les peuples évoluent, plus les campagnes se vident au profit des villes où l'on s'entasse et étouffe. Non seulement ils négligent la nature, mais ils la détruisent de cent façons, la pire étant la pollution qui n'épargne ni plantes, ni bêtes, ni hommes et s'étend jusqu'au milieu des océans.

Les oiseaux sont détruits par milliers à la suite de

catastrophes comme la « marée noire » causée par le « Torrey Canyon » en 1969. Empoisonnés par les insecticides, massacrés pour le plaisir des chasses « sauvages », des espèces entières vont disparaître. En France, on ne compte plus que cinquante couples de grands ducs et dix-huit de cigognes ; ils étaient trois fois plus nombreux, il y a seulement quelques années.

La malédiction des oiseaux.

Les déchets, cette plaie de notre civilisation de consommation, permettent à certaines espèces, par une nourriture abondante, une prolifération excessive. Mouettes et goélands argentés deviennent un véritable danger, surtout quand les déchets s'entreposent près des aéroports. A Istres, Nîmes, Marseille-Marignane, on a dû appliquer des plans d'effarouchement, pour éloigner les oiseaux qui envahissaient par milliers les pistes d'envol.

L'homme dispute aujourd'hui à la gent volatile son domaine jusqu'alors inviolé, le Ciel. Avions et oiseaux migrateurs se rencontrent sur les mêmes couloirs aériens et il s'ensuit des accidents graves. Lorsqu'un avion volant seulement à 360 km/h se heurte à un goéland dc 900 grammes, la violence du choc à l'impact équivaut à plus de 3 tonnes, et à 1 080 km/h à 32 tonnes. On imagine le danger de telles rencontres pour les transports aériens.

On envisage d'y remédier en supprimant les oiseaux dans le voisinage des aéroports. Sans leurs chants et leurs cris, la Camargue deviendrait alors tristement silencieuse. Mieux vaudrait un partage du Ciel, et la suppression des infectes décharges près des pistes d'envol.

Les oiseaux messagers des dieux

Très étonnamment, on remarque depuis quelque temps une certaine agressivité chez les oiseaux. Le cinéaste Hitchcock a peint leur révolte dans un film célèbre, *Les Oiseaux* [1]. La presse mentionne fréquemment des corbeaux qui s'attaquent aux agneaux, aux brebis et aux cultivateurs dans leurs champs.

Dans l'Apocalypse, saint Jean dit (XIX, 17-18) : « Je vis un ange debout dans le soleil ; il cria d'une voix forte à tous les oiseaux qui volaient par le milieu du ciel : " Venez, rassemblez-vous pour le grand festin de Dieu, pour manger la chair des rois, la chair des chefs militaires, la chair des soldats vaillants, la chair des chevaux et de ceux qui les montent, la chair de tous les hommes, libres et esclaves, petits et grands " ... et tous les oiseaux se rassasièrent de leur chair. »

Réconciliation.

Nous espérons que cette prophétie ne se réalisera jamais [2] puisque se dessine actuellement un retour vers

1. On peut signaler aussi le très curieux roman de science-fiction, *Midsummer Century,* de James Blish, dans lequel les oiseaux sont devenus les maîtres du monde et pourchassent les derniers hommes. Paru sous le titre *Le Siècle de l'éternel été,* chez Albin Michel, Collection Science-Fiction.

2. Une des voyantes les plus célèbres des Etats-Unis, G. Dixon, celle qui avait prévu la révolution chinoise, le lancement du premier spoutnik et essayé de prévenir le président Kennedy de ne pas se rendre à Dallas où il serait assassiné, nous prédit qu'après une guerre entre la Chine et l'Europe alliée à la Russie, un enfant né au Moyen-Orient en 1962 réformera le monde, et qu'en 1999 la PAIX règnera enfin sur la terre.

Ruth Montgomery a relaté ces prédilections dans de nombreux articles de journaux.

la nature. On en juge par le formidable exode des vacanciers qui se ruent en été hors des villes.

Des millions de personnes aiment les oiseaux. Des parcs de protection de la nature et des animaux se créent dans tous les pays. La France ouvre en 1974 un parc ornithologique pour la sauvegarde des espèces européennes en danger de disparition.

Fig. 40. — Emblème du Module « Eagle ». Par un étrange retour aux traditions, les Américains nomment « Aigle », le premier engin habité qui réussit à se poser sur la Lune le 20 juillet 1969.

En 1969, les Américains nomment « Aigle » le module lunaire qui transporte les premiers hommes sur la Lune. Il figure de nouveau sur l'emblème d'Apollo

XVII, la dernière mission qui ouvre la voie des explorations au-delà de notre système solaire, renouant ainsi avec les traditions ancestrales.

Nous ne terminerons pas ce livre sur une note pessimiste. Les oiseaux furent de tout temps les messagers des dieux, les amis des hommes. Les Initiés les choisirent pour transmettre leur fameux langage secret, et en firent le symbole du lien éternel entre la Terre, le Ciel et le Cosmos.

Nous ne voulons retenir que ce LIEN, qui permettra à tous de s'élever au-dessus de la matière, des haines, des rivalités de classes, de races et de pays pour que, comme dit le poète, « si tous les gens du monde voulaient se donner la main », l'humanité cesse de se déchirer, ne laissant planer sur notre encore si belle planète, que les ailes de la colombe, symbole de tolérance, de paix et de fraternité.

TABLE

Les illustrations, dessins et photographies, à l'exception de celle de Lascaux, sont de l'auteur et de Claire Dequerlor.

La composition
et l'impression de ce livre ont été effectuées
par l'Imprimerie Aubin à Ligugé
pour les Editions Albin Michel

AM

Achevé d'imprimer le 30 septembre 1975.
N° d'édition 5507. N° d'impression 8426.
Dépôt légal 4e trimestre 1975.

Imprimé en France